SALTO

Die in diesem Band gesammelten Erzählungen und Geschichten bieten einen Querschnitt durch die literarische Figurenwelt des Literaturnobelpreisträgers Cela und einen Eindruck von der Sprachgewalt dieses Autors, der in Spanien längst als einer der Väter der modernen Gegenwartsliteratur gilt.

»Ohne die gleich nach Francos Sieg unter großen Schwierigkeiten schreibenden Autoren wie Cela und Delibes wäre die spanische Literatur einen ganz anderen, schlimmeren Weg gegangen.«
Walter Haubrich in der FAZ

Camilo José Cela

NEUNTER UND LETZTER WERMUT

ACHTUNDZWANZIG GESCHICHTEN AUS DEM SPANISCHEN LEBEN

Aus dem Spanischen von
Gisbert Haefs

Verlag Klaus Wagenbach   Berlin

Die ungewöhnliche und ruhmreiche Heldentat
der Rute von Archidona
wurde von Elke Wehr übersetzt, das
Sonett auf Seite 77 von Lothar Klünner

Inhalt

DIE BLINDEN

DIE DORFTROTTEL

NEUNTER
UND LETZTER WERMUT

DIE BLINDEN

...Blindheit erhellte und förderte mich
auf dem Lebensweg.
LAZARILLO DE TORMES

1. *Liste der Blinden*

DAS SCHLECHTE WETTER hat das Fest ganz schön versaut. Manchmal wird das Wetter so mies, daß es einem völlig den Kakao verhagelt. Cabrejas García, Don Odo, der Akademiker, das war ein Schlappschwanz, der mochte weder Frauen noch Ballett noch Paraden. Wär' besser schon als Rotzlöffel hopsgegangen, noch vor der Erstkommunion! »Frauen? Scheußlich, die sind alle glibberig!« – »Ja, ja, glibberig, ha!« haben ihm seine Kumpels immer geantwortet; »von wegen! Frauen sind 'ne Wucht!« Einmal ist ein elektrischer Funke auf den Trafo gefallen, und dem Wärter versengt es die Augen. Don Odo Cabrejas hat ihn getröstet: »Pech, Bruderherz; wen's erwischt, den hat's eben erwischt, so ist das nun mal!« Don Odo hatte einen Milchmesser erfunden, aber dann hat er, Schussel der er nun mal ist, die Sache nicht patentieren lassen. Ist schon 'ne Weile her, da hat ein Maler mal mit 'nem Aquarell angefangen, das hieß *Morgendämmer*. Also, diese Aquarelle, so was muß man auf einen Sitz fertig machen, von wegen Gefühl; Maler gibt's, die hocken deshalb 'ne ganze Woche am Stück daran oder noch mehr, auf Deubel komm raus! »Finden Sie, das kommt gut raus da, wie Phöbus über der öden Ebene aufgeht?« – »Klar, Mann, ich finde, Sie haben das prima getroffen, wie Phöbus da aufgeht über der grünen Ebene, äh, der öden Ebene!« Der Maler hat eines Morgens in ein Wespennest getreten. Da *war* ja was los! Die Wespen haben ihm die Augen weggefressen, hätten ihn beinahe umgebracht. »Pech, Bruderherz; da gibt's nur noch eines – sich damit abfinden! Wo Späne gehobelt werden, fliegen eben die Fetzen! Jawoll, ist doch wahr!« Don Odo Cabrejas hat Schnupftabak genommen und las schon seit Jahren ein Buch über Ceylon und die komischen Sitten da. »Was Ceylon und seine schrägen Sitten angeht, da kann mir in der ganzen Provinz keiner das Wasser reichen«, hat er immer gesagt; »also, über Ceylon und die komischen Sitten da, da könnt ihr mich gegen jeden in den Ring schicken, da brauch' ich keinen zu fürchten.« Der Trafo-Wärter hieß Lorenzo; der war neben blind auch noch fett und hat Wermut gesoffen. Der Aquarellmaler war ein zerbrechlicher Schöngeist namens Hugo Senantes; in der Jugend hatte der auf Lehrer studiert, aber dann hat ihn die Berufung übermannt, und er ist Kunstmaler geworden. Hugo Senantes war so was wie gebildet – na ja, in Maßen –, und er liebte die zarte Musik von Chopin. »Ach, die Walzer und die Polonaisen! Lalá, lalalá! Was gäb' ich drum, wenn ich bloß Valldemosa besichtigen könnte, wo die Luft schwanger ist von den Erinnerungen an Chopin! Lalá, lalalá!« Siso Martínez war blind seit seiner Geburt. Siso Martínez war eine arme Socke und hatte, weil er überhaupt nix hatte, eben auch keine Augen. Siso Martínez hat nie dunkle Brillen getragen. »Ob die anderen es dann sehen? Na, sollen sie doch!« Die Augen von Siso Martínez waren leer und wie offenes nasses Fleisch. Don Odo war ja manchmal eine Art Witzbold und hat gesagt, in den Augen von Siso Martínez könnte man Brot stippen. Das sind bis jetzt drei Blinde. Den Rómulo Torres, der war Schmied, den haben sie ins Zuchthaus geschickt, weil der 'nen Jungen geblendet hat, indem er ihm ein rotglühendes Eisen auf die Klüsen drückte. Dabei hatte Rómulo Torres keinen schlechten Ruf. »Ich weiß überhaupt nicht, was mit mir los war«, hat er dem Richter erklärt; »der Junge hat mir nix getan, wirklich; ich hab' ihn gucken gesehen, und dann is' mir eben die Hand ausgerutscht, konnt' ich nix gegen machen.« Der Junge ist inzwischen längst groß. Arbeitet heut im Schlachthof, nimmt die Tiere aus, bloß so mit Rumtasten, und schnell ist er dabei auch. Don Odo war korrespondierendes Mitglied der Gesellschaft zur Förderung der Künste, mit Sitz in Madrid. Don Odo hat sich immer dreimal die Woche rasiert. Der Blinde, den Rómulo Torres angerichtet hat, der hieß Tiburcio Cortés Notario und war ziemlich groß. Don Odo nicht; der war eher winzig. Wenn's im Juli einmal mit Schütten losgeht, kann keiner mehr Halt sagen. Don Odo hat immer viel von Meteorologie und anderen Landplagen geredet. Möglichkeiten blind zu werden gibt's reichlich. Moisés Valverde, den hat ein Maultier blind gemacht, mit 'nem Tritt, kurz nach dem Krieg, bei 'ner Stier-Feria. »Was fürn Tritt, ich denk', der Kopf fliegt mir in Stücke!« Aber so schlimm kann's nicht gewesen sein, was meinen Sie? Ganz anders Carolo Vega alias Triquiti; der ist einfach so nach und nach blind geworden, der hatte eben von Anfang an keinen Mumm im Blick. Carolo Vega alias Triquiti, das war ein schlappes Handtuch und zart wie 'ne Mimose, so'n feines brüchiges Stückchen Rühr-micht-nicht-an, wie 'ne Portion Spinnweben. Don Odo hat ihm jeden Sonntag 'nen Fünfer [5 Céntimos] gegeben. Jetzt hätten wir schon sechs Blinde. 'n halbes Dutzend Blinde, wenn man die richtig einteilt, dann kann man damit schon ganz schön spielen. Kommt immer drauf an, daß man sich die Dinge einteilt und nicht alles zum Fenster rauswirft wie ein Trottel.

2. *Lorenzo*

LORENZO WAR NICHT bloß blind und feist, sondern auch noch Familienvater. Außerdem war Lorenzo ganz heiß auf Stierkämpfe, und jetzt, wo er die Stiere nicht mehr sehen kann, bleibt ihm nur, daß er sich hinter der Bretterwand duckt und sie hört und riecht. Seine Frau, die hieß Raquel Heredia, die hatte einiges los und Holz vor der Hütte. Raquel hat jedes Jahr ein Kind geworfen; war aber nicht so schlimm, weil die immer gestorben sind. »Wenn mir mal einer wirklich hinhaut«, hat ihr Mann immer gesagt, »dann mach ich 'nen Torero draus; ich hab die Schnauze voll von Hunger und Elend.« Das einzige Kind von Raquel und Lorenzo, was die zwanzig geschafft hat, das war Tarcisio, und der ist als Missionar nach China, Heiden bekehren. So was von rüchsichtslos! Immer wenn Lorenzo acht Fünfer zusammen hatte, hat er sich 'nen Wermut geleistet; Lorenzo hatte viel für Wermut übrig und konnte sogar gut und schlecht unterscheiden. Irenita Gallo, die war mal mit ihm verlobt gewesen, die hat von ihrer Mutter die Fonda *La Mercantil* geerbt; Reisende und Dauergäste, erschwingliche Preise. Aber das ist eine andere Geschichte. Irenita Gallo hat 'nen Schmarotzer namens Roberto de Juan geheiratet, einen mit Schnurrbart von Pontius bis Pilatus, und der hatte nicht mal genug zum Sterben. Wenn es für Roberto de Juan nix zu tun gab, hat er Zarzuela-Texte geschrieben: Chor der Ährenleser, Chor der Schnitter, Duett für Tenor und Sopran, komisches Duett undsoweiter. Lorenzo hat seinen Nachfolger in Irenitas Gunst aus vollem Herzen verabscheut. »Der Typ ist ein Waschlappen und Tagedieb«, hat er oft gesagt; »der Typ, das ist ein Parasit an der Gesellschaft. Der gehört ab nach Sibirien!« Lorenzo war ganz gebildet, verglichen mit anderen; wenn man den früh genug erwischt hätte, wär aus dem glatt was Brauchbares geworden. Aber den hat sich keiner früh genug untern Arm geklemmt. Besser zu früh ankommen als ein Jahr aussetzen, was? Nullen gibt's eben, aber es gibt auch Leute, die gerissen sind und fleißig und zuverlässig; man muß sie bloß erst mal finden. Hat meine Tante Encarnación Junquera immer gesagt. Meine Tante Encarnación Junquera, die hat ein Feldhüter umgebracht, aus Versehen. Hat ihr *so* 'ne Ladung Schrot ins Genick geballert, daß die Ärmste nicht mal gemerkt hat, wie sie in ein besseres Leben hinübergeht. Lorenzo erinnert sich noch gut an das traurige Ereignis, das die ganze Gegend aufgeregt hat. Ein paar wenige haben es lustig gefunden.

3. *Hugo Senantes*

DER AQUARELLMALER HUGO SENANTES hat nie ein Stipendium von der Provinz gekriegt. Der Maler Hugo Senantes war lauter Geist und Gefühl: Den haben die Wespen ohne große Mühe blind gekriegt, fast ohne es zu wollen. Dieser Maler ist ein Trottel; warum hat er denn die Augen nicht einfach zugemacht? Erzählen Sie mir nix! Der Maler Hugo Senantes hatte Augen so tot und blau wie das stille giftige und auch blaue und tote Meer auf seinen Bildern. »Chopin spielt in Valldemosa noch immer Klavier mit den Fingern seiner Seele.« Du liebe Güte! Der Maler Hugo Senantes ist via Wespennest ins Elend gestolpert. »Mich schreckt nicht das Elend, nur das Vergessen.« Hören Sie, dieser Satz, sind Sie da allein drauf gekommen? »Jawohl, Señor, um das auszudrücken, brauchte ich nur dem Diktat meines empfindsamen Herzens zu lauschen.« O was für ein

Stuß! Kaum zu glauben! Der Maler Hugo Senantes hat bloß noch von Wundern gelebt; jede Woche war er dünner, blasser und mit noch weniger Mumm. Der Maler Hugo Senantes, wie er noch auf Lehrer studiert hat, da hatte er 'ne schwache Brust und hat Blut gespuckt. Später ist das mit dem Alter und frischer Luft wohl ein bißchen besser geworden. Jedenfalls hat er nicht mehr stückchenweise jeden Morgen die Lunge rausgerotzt. Der Maler Hugo Senantes hat gern kunstvolle Landschaften gemalt, aquarellmäßig, von allen möglichen Gegenden; solange er noch konnte, hat er aber auch Bilder von Toten gemalt und koloriert, ernste und tragische Totenbilder von Leuten mit reichlich toten Gesichtern; Tote, denen der Tod schon mit dem Pinsel ins Gesicht gemalt war, genau wie anderen das Glück, die Intelligenz oder der Reichtum im Gesicht geschrieben steht. Es gibt eben Kraftmeier, und es gibt andere, die ganz schlapp sind, was die drei kleinen Potenzen der Seele angeht (bekanntlich sind das ja der Appetit, der Geruchssinn und die Trägheit). Hugo Senantes hat von der Provinz nie ein Stipendium gekriegt, nicht mal ein halbes; im Palast, im Palast, da geht alles ohne Hast, und Hugo Senantes hatte wahrscheinlich nie die nötige Geduld. Der Appetit ist das Gedächtnis der vier Mägen des Wiederkäuers. Der Geruchssinn ist so was wie der Verstand eines Köters mit Bärenhunger. Die Trägheit nimmt zu wie die Wucht des Wolfs, wenn er bergab wetzt. Der Aquarellmaler Hugo Senantes war schon als Kind zimperlich wie ein Karnickel, dem leider eine Pfote fehlt.

4. *Siso Martínez*

BLIND GEBOREN ist wie als Fürst geboren; man merkt es nicht. Vögel, die durch die Luft humpeln, sind auch nicht besser dran als der Wurm, der im Stall unter der Scheißkruste langfliegt. Es gibt Engel, die sich rumdrücken wie arme Sünder, und Teufel, die rumhopsen wie die Seligen. Alles in allem ist alles ziemlich durcheinander. In den Augen von Siso Martínez kann man, wie es heißt, Brot stippen wie in Kakao. Wenn er so still halten könnte wie ein Stein, dann wären dem Siso Martínez vielleicht Kräuter in den Augen gewachsen, zottiger Mohn, weiches sattes Moos, Brennesseln. Als Siso Martínez klein war, hat man ihn mit Fußtritten aus dem Haus gejagt; sein Vater, ein ruhiger Mann und Verteidiger des Herkömmlichen, war immer der Meinung, wer essen will, der soll auch arbeiten. Von dieser Regel hat der Vater von Siso Martínez keine Ausnahme zugelassen. Auch der Tod ist ungerecht verteilt – vielleicht, um sich an die Regel zu halten. Wenn in den Häusern Essen übrigbleibt, kommt es erst dann in die offene flehende Hand des Bettlers, wenn es kalt geworden ist. Das ist nun mal so. Die Hausfrauen meinen wohl, warmes Essen macht den Armen lasterhaft und lockt ihn fort vom Pfad des Heils. Siso Martínez hatte, könnte man sagen, kalte Suppe satt, und kalte Linsen und kalte Kichererbsen. Siso Martínez hatte immer kalte Hände. Nachts hat Siso Martínez sich bei der Bäckerei rumgedrückt, um ein bißchen Wärme abzukriegen. »Bist du schon wieder da, du blindes Arschloch?« »Ja, Señor.« Miguel Moreno, der Bäcker, hatte unter den sieben Schleiern des Herzens noch ein Fünkchen Mitleid. »Komm, hock dich da hin und stör mich nicht.« Siso Martínez hat das ausgenutzt, um auf den Kräutersäcken zwei Stündchen zu schlafen. Schlaf ist wie Glück; man muß was draus machen können. Schlimm dran sind bloß die Todmüden, denen der Schlaf in allen Poren klebt, bis sie plötzlich rauskriegen, wie bequem und einfach das Sterben ist. Siso Martínez hat sich vielleicht in einigem von den Toten unterschieden, aber natürlich nicht, was Wärme und Licht angeht. Siso Martínez, im Dunkel und kalt, war insofern anders als die Toten, weil er manchmal Lust zum Pissen hatte. Wie der Tod und der Rubin am kleinen Finger des Zigeuners ist auch die Lust ungerecht verteilt. Man kennt das ja, so ist das eben.

5. *Tiburcio Cortés Notario*

KINDER KÖNNEN EWIG GLOTZEN. »Junge, verdammt noch mal, was guckst du dir bloß an?« – »Nichts, das sehen Sie doch.« Manchmal sind die wie Käuzchen, stundenlang weggetreten mit offenen Augen. »Verdammt, Junge, was guckst du bloß so?« – »Nichts, das sehen Sie doch.« Er hat nichts angeguckt. Bis um die zehn, zwölf Jahre sehen Kinder mehr als Erwachsene, mehr Einzelheiten, außerdem genauer und mit mehr Tiefe. »Verdammt, Junge, was guckst du denn da so?« – »Nix, sehen Sie doch; bloß Fünkchen.« Dann hat Rómulo Torres, der Schmied, ihm ein rotglühendes Eisen zum Angucken hingehalten, und seitdem ist der Junge blind. »Ich weiß nicht, was mit mir los war; ich schwöre Ihnen, ich hab's nicht gewußt, das war keine Absicht.« Dem Tiburcio Cortés Notario, das ist der mit dem Eisen, dem hat es die feinen kleinen Tränendrüsen trokkengelegt, die netten Säckchen, in denen man die Tränen sammelt und später nach und nach rausläßt, wenn sie gebraucht werden und Tränen so trösten wie Essen.

Tiburcio Cortés Notario ist groß und ziemlich kräftig, gesund und gut gebaut. Tiburcio Cortés Notario arbeitet im Schlachthof; alles was gerade anfällt. Bei Festen spielt Tiburcio Cortés Notario Gitarre und singt ganz ernst und ergriffen endlose Strophen, die er selbst gemacht hat, alle ganz simpel und obszön. Was für ein Typ, der Tiburcio! Was der für einen Humor hat! Tiburcio Cortés Notario trinkt sich samstags immer einen an und geht am Sonntag und an kirchlichen Feiertagen zur Messe. Tiburcio Cortés Notario ist befreundet mit dem Sakristan und dem Apothekergehilfen. Tiburcio Cortés Notario ist bei jeder Hochzeit und Taufe und Erstkommunion dabei. Tiburcio Cortés Notario geht immer mit zur Beerdigung und singt im Hochamt. Im Dorf mögen sie Tiburcio Cortés Notario ganz gern – den Mann, der als Junge blind geworden ist, weil er ohne Erlaubnis geguckt hat. Und ohne Glück, das auch; ohne Glück. Tiburcio Cortés Notario ist der einzige Blinde in der ganzen Gegend, nach dem keiner je Steine geschmissen hat. Und keiner flucht auf seinen Vater, nennt ihn Bastard oder hetzt die Hunde auf ihn. Käuzchen saufen das Öl aus den Lämpchen für die armen Seelen im Fegefeuer und können im Dunkel sehen; wie die Wölfe, aber geheimer und sanfter. Tiburcio Cortés Notario hat, bis er plötzlich und ohne Vorwarnung geblendet worden ist, so gut gesehen wie die Käuzchen auf ihrem nächtlichen Raubzug. Rómulo Torres, der Schmied, war fast ein ganzes Jahr lang ziemlich trübsinnig. Ich sag' Ihnen, das war mir gar nicht aufgefallen, damals. Sachen gibt's, die gibt's gar nicht, was?

6. *Moisés Valverde*

»DAS WAR, als ob mir der Kopf geplatzt wär'– was fürn Tritt! Ob Sie's gesehen haben oder nicht, ich geb' Ihnen mein Wort; das war genau so, als ob man mir mit 'nem Kracher den Kopf gesprengt hätte.« Unsere Feria ist mit Recht in ganz Kastilien berühmt und noch darüber hinaus. Der Kopf von Moisés Valverde auch. Das Maultier – ein Weibchen, hieß Soberana; Schlappohren, hartmäulig, widerspenstig und faul – ist durchs Haupttor rein in die lebendige quirlende laute Naturgeschichte der hiesigen Strolche. Was für ein Tritt! Irgendwas auch nur entfernt ähnliches hat niemand je gesehen, kein Kärrner bei den Husaren, kein Bursche vom Königlichen Marstall, kein Maultiertreiber aus der Mancha, kein Nachthirte, kein Hufschmied von der Remonte und kein lausiger Viehhüter. Und dabei kriegen die ja unterwegs wirklich genug Tritte zu sehen, zu spüren und auszuteilen. Moisés Valverde – wer sich nicht trösten läßt, der ist nicht zu trösten – war stolz auf seinen Tritt und hat Fremden und Handelsreisenden immer wieder davon erzählt. Jedem das seine – der eine hat 'nen Schurrbart, der andere 'nen sauren Magen, beim dritten treibt's die Frau mit 'nem Nachbarn, undsoweiter. »Als ob man mir den Kopf mit 'nem Kracher gesprengt hätte; was fürn Tritt!« Moisés Valverde ist von dem Tritt, den er gefangen hat, 'ne eingeblötschte Stirn geblieben und 'ne platte Nase. Moisés Valverde hat gern auf der Bank vor der Kirche gesessen und sich die Sonne auf die demolierte Visage scheinen lassen. Paquito Sánchez, ein trotteliges Kerlchen, hat seinem Vater Kippen geklaut, um sie dem Moisés Valverde zu bringen. In seiner heiligen Einfaltspinselei war Paquito Sánchez ganz gerührt, wenn Moisés Valverde ihm den Nacken streichelte, dankbar, ja beinahe zärtlich. »Ich hab' ja gewußt, daß Paquito mich armen Blinden nicht vergißt!« Paquito Sánchez, ein liebes Kerlchen, hat dann immer nur mit gebrochener Stimme antworten können. »Nein, Señor, nein…« Bei Moisés Valverde, so wie seine Nase nun mal war, ging der Rauch nach oben raus statt nach unten. War sehr lustig zu sehen, wie beim blinden Moisés Valverde der Rauch oben aus der Nase kam. Vom Tabak der Zigaretten zu neunzig kriegt man Lungenkrebs; es heißt auch, daß das am Papier liegt, aber genaugenommen ist das ziemlich egal. Moisés Valverde ist weder abergläubisch noch besonders ängstlich. Moisés Valverde ist blind und hat 'ne eingeblötschte Stirn, und seine Nase ist platt wie 'ne Hostie. Was fürn Tritt, den ihm dieses Maultier Soberana da verpaßt hat, einfach so, bei der Feria! Als ob man ihm den Kopf mit 'ner Granate gesprengt hätte.

7. *Carolo Vega alias Triquiti*

KENNEN SIE SICH AUS mit Kamillenblüten, Binsenstengeln, durchsichtigen Libellenflügeln, Schneckenfühlern? Carolo Vega alias Triquiti ist aus demselben Sperrholz, vom selben Hersteller. Carolo Vega alias Triquiti sieht aus, als ob er irgendwann mal in die Binsen geht, zu Bruch, so zart, so zimperlich, so ein Fädchen. Carolo Vega alias Triquiti verkauft Bonbons auf der Plaza, Lakritz und amerikanisches Kaugummi, Lupinensamen, süße Mandeln, geröstete Kichererbsen, Erdmandeln, Sonnenblumenkerne, kleine Windmühlen aus buntem Papier, kleine Bälle, Kreisel und Dilldops, Fußballerfotos, Anislutscher und Knallerbsen. Der Büttel kassiert bei ihm die Gebühr. Carolo Vega alias Triquiti gibt den Spatzen Brotkrümel, außerdem

Kosenamen; ein paar von ihnen setzen sich auf seine Schulter oder aufs Knie. Dem Carolo Vega alias Triquiti hat Don Odo sonntags nach der Messe immer einen Fünfer gegeben. Carolo Vega alias Triquiti ist nach und nach blind geworden; er hatte einfach keinen Mumm in den Augen. Das kommt davon, wenn man keine Vitamine zu sich nimmt: Orangen, Zitronen, Feigen und anderes Obst. Man weiß doch, was passiert, wenn einer keine Vitamine ißt. Wenn er in der Stadt lebt, endet er als Losverkäufer; im Dorf muß er sehen, wie er zurechtkommt – Krimskrams verhökern, lächeln, wenn ihm mal einer was gibt, Kirchenlieder singen, auf das unsichere Almosen an Feiertagen warten. Carolo Vega alias Triquiti ist so hauchzart, daß er kaum was braucht, um einigermaßen durchzukommen. Eigentlich ein Glück, daß Carolo Vega alias Triquiti nicht so stark ist wie ein Bulle, sondern zart und fein wie ein Kolibri. Carolo Vega alias Triquiti hatte von klein auf eine abgestorbene Hand, von der Kinderlähmung. Das ist aber nie besonders aufgefallen. Bei strammen Kerls (Jungs von der Garde oder Pionieren) springt einem so was viel eher ins Auge als bei vergeistigten Siebenmonatswichteln. Bekanntlich hat unser Herrgott die Dinge ja so eingerichtet, zum Trost für Zwerge, Schlappschwänze und andere Kümmerlinge. Das nennt sich dann Erbarmen. Carolo Vega alias Triquiti war ein armseliges Würstchen, kaum zu unterscheiden vom graugrünen Knöspchen der wilden Bartnelke.

8. *Don Odo*

»DAS BALLETT gehört nicht zu den edlen Künsten, sag' ich Ihnen, falls Sie's nicht schon wissen. Die Liste der edlen Künste ist kein Scheiß, sondern was verdammt Ernstes. Bei der Vereinigung zur Förderung der Künste kümmern wir uns nicht um Gestrampel und derlei Kinkerlitzchen. Was recht ist muß recht bleiben! Wo kämen wir denn da hin!« Don Odo Cabrejas García, diplomierter Apotheker, hat immer Karten für den Stierkampf verkauft, verschanzt hinter einem Marmortisch im Kasino – »zwei der normale Platz, sechs der beste, und stecken Sie es sich doch in den Arsch!« –, teils weil er dann umsonst reinkam, und teils um sich lieb Kind zu machen bei Don Leonardo Montojo; das war der Veranstalter der Ferias, der reichste Mann im Dorf und damit von Natur aus Don Odos Chef. Die Frau von Don Odo war ein blondierter Drache; die hat sich nie im Leben die Haare auf den Zähen gekämmt. »Und Sie, gnädige Frau?« – »Marcelina, wenn's beliebt, Marcelina Baruque de Cabrejas.« – »Sehr wohl, Doña Marcelina, ganz zu Diensten.« Marcelina hatte ein grünes Kostüm, 'ne lachsfarbene Schärpe, ein ziegelfarbenes Hütchen und 'nen goldenen Reißzahn. »Ach, wenn dieser Trottel von Mann doch bloß den Milchmesser, den er erfunden hat, patentiert hätte! Ich hab's ihm tausendmal gesagt, Odo, laß den Milchmesser patentieren, verdammt noch mal, sonst klauen sie ihn dir noch; Odo, laß ihn verdammt noch mal patentieren, sonst hast du nichts davon, aber mein Mann – wer sich 'ne taube Nuß zulegt, soll nicht jammern, daß kein Kern drin ist! – hat nicht auf mich gehört; von wegen mein Mann hört auf Ratschläge von wem auch immer! Den kriegt doch keiner von seinen Künsten weg; alles andere ist dem egal.« Don Odo hatte vor vielen Jahren mal ein Buch über Meteorologie gelesen. Den Rest seiner weitläufigen Wissenschaft hat er selbst dazuerfunden. »Bei den deduktiven Wissenschaften zählt nur die Basis, das Fundament. Alles andere kommt von selbst.« Manchmal ist Don Odo ganz schön optimistisch. Hin und wieder soll das mit Gelehrten so sein. Don Odo Cabrejas war ein Finsterling und Galgenstrick; der hat sich nichts aus Frauen oder Ballett oder Militärparaden gemacht. Wenn der totgeboren worden wär' und da schon nach Schwefel gestunken hätte, wär' keinem was entgangen! Es gibt Leute, an die man sich besser nicht erinnert. Don Odo hatte einen Milchmesser erfunden, aber hinterher, typisch Faulenzer und Trottel, hat er ihn nicht mal patentieren lassen.

und 9. Das schlechte Wetter hat das Fest versaut

DON LEONARDO MONTOJO, der aussah wie ein Rabe, hat Don Odo, der in solchen Momenten aussah wie ein Pfau, zu sich gerufen und auf ein Gläschen Anis eingeladen. Don Leonardo und Don Odo haben den ganzen Abend leise miteinander geredet, wie Verschwörer. »Einverstanden?« – »Einverstanden, ja, Señor.« Am nächsten Morgen hat sich Don Odo die Blinden geschnappt. »Fünf Duros pro Nase und für alle nur *ein* Motto: Diskretion, Glück und ran an den Stier; der ist bloß ein Schoßhündchen. Euch kann überhaupt nichts passieren; die Organisation will bloß ein gutes Werk tun, und ihr habt es mit einem Einjährigen zu tun, der nicht mehr anrichten kann als eine Ziege. Außerdem hat er Schutzkugeln auf den Hörnern; die Organisation will kein Blut, die Organisation will nur, daß die Leute sich wohl fühlen und was zu lachen haben.« – »Sehr schön, Don Odo, vielen Dank, daß Sie an uns gedacht haben; fünf Duros sind fünf Duros.« Die Organisation hatte auch ans kleinste Detail gedacht. Was das Kälbchen angeht – »damit ihr den kommen hört, lass' ich ihm eine Glocke umhängen, klar?« – »Ja, Señor; sobald wir die Glocke hören, hängen wir uns ihm an den Kragen.« – »Genau.« Das hatte Don Odo den starken Blinden gesagt, Lorenzo, Tiburcio Cortés Notario und Moisés Valverde. Den schwachen Blinden – Hugo Senantes, Siso Martínez und Carolo Vega alias Triquiti – hatte Don Odo gesagt: »Nach dem Einzug, und damit ihr wißt, wo die anderen sind, lass' ich jedem von euch eine Glocke umhängen, klar?« – »Ja, Señor, klar.« Die Blinden sind dann einmarschiert, zum Klang des Pasodoble *Gallito*: tara-tatsching, tara-tatsching, tara-tatsching. Auf dem Magistratsbalkon, geschmückt mit der spanischen Flagge, die Würdenträger des Orts – der Bürgermeister, der Pfarrer, der Sergeant der Guardia Civil; sie haben hochmütig und herablassend auf die schlammverspritzte Menge hinabgelächelt. Viva España! Ein Jammer, daß das schlechte Wetter derart das Fest versaut hat. Manchmal ist das Wetter so mies, daß es einem völlig den Kakao verhagelt. Die Blinden mit ihren Glocken haben eine prima Prügelei hingelegt, und die Leute haben sich wirklich sehr gut amüsiert. Das Kalb war von dieser Keilerei ziemlich erschreckt, hat zwei Runden gedreht, im Trab, und sich dann vor seinem Verschlag auf den Hintern gesetzt um zuzusehen. Danach hat's dann angefangen zu schütten, und die Zuschauer sind los, um sich einen zu genehmigen. Eine Essigsardine für Sie? Ja.

DIE DORFTROTTEL

Die Obertrottel haben nie etwas wirklich
Trotteliges gesagt.
UNAMUNO

1. *Liste der Trottel*

DIE SONNE WAR SO HEISS, so wüst, so übel, daß dem Antoniano das Gehirn im Kopf gebraten wurde wie 'ne Wurst: tzsch, tzsch, tzsch. »Wie war die Sonne?« Heiß wie ein Schmiedeeisen, wüst, übel. »Was ist mit Antoniano passiert?« Na, dem ist das Gehirn im Kopf gebraten worden wie 'ne Wurst, tzsch, tzsch, tzsch, so heiß und wüst und übel war die Sonne. Jesses, was für 'ne Sonne! »Wasser, kühles Wasser! Herrlich kühles Wasser, 'nen Fünfer der Schluck! Wasser! Wollen Sie Wasser?« Die Wasserfrau hat Krampfadern in der Seele, und ihr Sohn ist ein Trottel. Es gibt viele Sorten Trottel: Zerdepperdeppen, Köterkiller, Luftgucker, Breikacker, Kippenklauer, Prügelfresser und zarte Dudeldödel. Dann gibt es noch wohlsituierte Trottel, die frei rumlaufen dürfen, und krakeelige halbambulante Trottel, die schlecht schlafen und immer wieder hochschrecken. Es gibt Dörretrottel und Rieseltrottel. Die Dörretrottel haben meistens gotische, heroische, epische, waghalsige Namen. Die Rieseltrottel sind einfacher und nicht so anspruchsvoll: Paquito, Pepito, Luisito, Antoniano. »Paquito, hol doch mal Wasser, mein Lieber.« – »Ja, Onkel, mit dem größten Vergnügen und besonders gern.« – »Pepito, besorg mal ein paar Tomaten, Herzchen.« – »Ja, Oma, mit dem größten Vergnügen und besonders gern.« – »Luisito, lauf mal zur Genossenschaft und sag Gervasio, er soll dir die beglaubigte Liste fürs Viehfutter geben, verstanden?« – »Ja, Papa, mit dem größten Vergnügen und besonders gern: Ich soll zur Genossenschaft gehen und Gervasio sagen, daß er mir die beglaubigte Liste fürs Viehfutter gibt.« – »Mateo.« – »Zu Befehl.« – »Bring mir den Stock.« – »Ja.« Die Dörretrottel kriegen manchmal was auf die Reihe, manchmal nicht; mal schaffen sie's, mal schaffen sie's nicht, mit dem Hund Hasen zu jagen. Federico schafft es, oder schafft es nicht, mit dem Hund Hasen zu jagen; Ubaldo hat's geschafft, oder auch nicht, mit dem Köter Häschen zu hetzen; Conrado wird's schaffen, oder auch nicht, mit der Töle Rammler zu kriegen, wenn er mal groß ist. Die Rieseltrottel fangen mit der Schlinge Kaninchen, dressieren Lockvögel für Rebhühner, fischen mit dem Wurfnetz, dressieren Maulaffen, indem sie lekkere Zwiebelchen umständlich jäten: Paquito fängt mit der Schlinge das gerissene geile Karnickel; Pepito dressiert das bunte brave Lockvögelchen für Rebhühner; Luisito fängt mit dem Wurfnetz verdutzte Fische; Antoniano jätet leckere zarte Zwiebelchen. Die Sonne war so heiß, daß sie dem Antoniano beim Jäten der leckeren zarten Maulaffen-Zwiebelchen das Gehirn im Kopf gebraten hat wie 'ne Wurst: tzsch, tzsch, tzsch. »Wie war die Sonne?« Heiß wie ein portugiesischer Maulesel, wüst wie ein algerischer Korsar, übel wie ein englischer Pirat. »Was ist mit dem Antoniano passiert?« Na, der ist jetzt komplett plemplem, dem ist doch das Gehirn im Kopf gebraten worden wie 'ne Wurst, plock, plock, plock, so heiß und wüst und übel wie die Sonne da war. Die Zerdepperdeppen halten sich oft für Guardias oder Liebhaber. Die Köterkiller tun so, als wären sie Ausländer oder Fußballer. Die Luftkucker sind wie baumelnde Fledermäuse. Die Breikacker haben ewig Schlagseite.

Die Kippenklauer sind Arschkriecher und gehen zur Beichtkunde. Die Prügelfresser haben Pickel im Nakken und schlimme Quetschungen am Rücken. Die Dudeldödel sind ängstlich und müssen nachts unbedingt ohne Balg und Tröte und geschluckte Kröte ein paar Lieder pfeifen. Dem Antoniano hat die Sonne das Hirn in der Schale gebraten. Um nicht plötzlich an Ekel zu krepieren, hat die Mutter von Antoniano sich damit über Wasser gehalten, daß sie auf der Plaza Wasser verkauft hat: »Wasser, kühles Wasser, herrlich kühles Wasser!« Es gibt ernste und feierliche Trottel, lustige und witzige Trottel, alleinselige Trottel, so fröhlich wie Kapaune, die fallen immer auf die Füße, werden bei Regen nie naß und bleiben nicht in der grimmen Sonne, wenn sie Maulaffen oder Zwiebelchen jäten, und denen wird auch nicht das Gehirn im Kopf gebraten wie 'ne Wurst. Dann gibt's noch Trottel, die immer nur Bahnhof verstehen, aber das sind die wenigsten. Wer kennt sich denn schon mit Bahnhöfen aus? Don Mercurio Parrillas hat gegen Zins Geld verliehen. Don Mercurio Parrillas war sehr neugierig und hat's bloß so aus Spaß an der Freude in 'nem Heft aufgeschrieben, wenn ein Trottel den Löffel abgegeben hat. Die Engelchen gen Himmel, die Ärsche untern Schwamm, heut machen wir ein Faß auf, dam dam, und die Miesen ins Kröpfchen; daß ich das noch erleben durfte! Wenn Don Mercurio seine Hymne gesungen hat, dann war klar – Trottel krepiert: Trottel ersoffen, Trottel aus dem Fenster, Trottel gesteinigt, Trottel totgeschlagen, Trottel erstochen, Trottel gebraten, Trottel aufgehängt oder – Jessesmaria! – Trottel von Läusen verspiesen. Die Frau von Don Mercurio, Doña Cloti Montánchez y Carcabuey de Parrillas y López-Vidrales, die hatte zwei Brüder, dumm wie Bohnenstroh, schlapp wie Wackelpudding, zwei Fettsteißbrüder mit Piepsstimme, zwei Zwillingsbrüder, die immer auf der Veranda Lich' un' Luf' gib' Saf' un' Kraf' gespielt und mit Trauervisagen aufs platte Land raus gelinst haben. Der eine Trottel hieß Hortensio, der andere Isidro. Beide waren vom Dienst am Vaterland freigestellt. »Halb rechts schwenkt! Gewehr über! Weißes Täubchen, heißes Häubchen, daß ich werbe, eh ich sterbe: Sag mir, Schwarze Königin – und der Erbe?« Schon recht, Señora. Hortensio konnt' sich nicht fortpflanzen. O Jammer! Isidro konnt' auch nicht. Jammer Nummer zwei! Antoniano hatte den Spitznamen Mateo. »Mateo!« – »Zu Befehl.« – »Bring mir den Stock.« – »Nein.« Der Opa von Paquito Malpica alias Guijo hat seinen Enkel, als der so um die drei Jahre war, mit ins Lokal genommen und zum Spaß mit Anisschnaps abgefüllt. »So ein kleiner Strolch – kuck mal, wie's dem schmeckt!« Pepito Chueca hatte ein Schafsgesicht, deshalb hieß er nur Mamón [Milchlamm]. Die Mutter von Pepito Chueca, Luisa Chueca, hat ihn drei Jahre lang in einer Kiste gehalten, um ihre Schande zu verbergen. Was Mütter für ihre Kinder nicht alles tun! »Mamón, besorg mal ein paar Tomaten.« – »Nein.« Luisito Pérez hat von seinem Vater Syphilis und Fallsucht geerbt. Luisito Pérez war unterwürfig, aber tükkisch. »Luisito, geh zum Bürgermeisteramt und sag Victor, er soll dir die beglaubigte Erklärung für das Viehfutter geben, klar?« – »Ja, Vater.« Auf dem Weg zum Amt hat Luisito in den Brunnen gepißt und auf der Plaza die Bänke mit Scheiße beschmiert. Luisito war ein hochgebürtiger Trottel. Dem Antoniano hat die Sonne das Hirn in der Schale gebraten. »Mateo, bring mir den Stock.« Manchmal hat Antoniano stumm gehorcht, wie die Diener bei Hof. Federico Palomeque hatte 'nen schönen Eschenknüppel, ganz verziert mit Schnörkeln. Federico Palomeque hatte außerdem 'nen schönen Spitznamen, wie von 'nem alten Torero: Caramillano. Caramillano kann sich noch so sehr anstrengen, irgendwas auf die Reihe zu kriegen, aber der schafft's nie, mit dem Hund 'nen Hasen zu schnappen. »O was für ein Schmerz, 'nen Trottel als Sohn zu haben!« sagte seine Mutter, die immer sehr affektiert und gewählt geredet hat: »O welch übergroße Pein, Herr Gott der Heerscharen!« Um zu sehen, ob bei Caramillano die Tassen wieder in die richtige Reihe zu kriegen wären, hat seine Mutter ihn mit dem Kopf gegen die Wand gerammt. »Komm zurück, mein Sohn, zurück ins Leben!« Klack, klack. »O was für ein Schmerz, einen schwachsinnigen Sohn zu haben, welch übergroße Pein, o Herr Gott der Heerscharen!« Ubaldo Argés, Cabezabuque [Bumskopf], hat nie was auf die Reihe gekriegt, hat nie auch nur ein Häschen mit dem Köter erwischt. Cabezabuque hatte 'ne Baskenmütze bis auf die Achseln und 'ne welke bleiche Nelke hinterm Ohr. Cabezabuque hat sich immer hinter den Musikpavillon gehockt, um die Mädels pinkeln zu sehen. »Am strammsten pißt die Aguedita. Jesses, was für 'ne Möse, fast wie 'n Motor!« Wenn Cabezabuqe den Mädels beim Pinkeln zuhört, hat er immer ganz leise gelacht: »Hi hi hi.« Conrado Galiana hat, soweit man das weiß, nie auch nur das geringste auf irgendeine Reihe gekriegt, nie den Rammler mit 'ner Töle gejagt. Der Guijo fängt das geile Karnickel mit der Schlinge. »Wie fängt Guijo das geile Karnickel?« Mit der Schlinge. »Brav.« Mamón dressiert den verzweifelten kleinen Verräter, den Lockvogel für Rebhühner, indem er auf 'nem Eichenblatt bläst. »Wie dressiert Mamón den tükkischen Lockvogel für Rebhühner?« Indem er auf einem Eichenblatt bläst. »Sehr gut.« Die Fische im Bach – Gott hat sie ja aus Lehm gemacht, wie den ersten Menschen – schmecken nach Modder. Luisito Pérez fängt den entsetzten Fisch mit dem Wurfnetz. »Wie fängt Luisito

Pérez den glubschäugigen Fisch?« Mit dem Wurfnetz. »Aber das ist ja ganz prima.« Antoniano lungerzupft längst keine geflissentlich zuckerzarten Zwiebelchen mehr. Die Sonne war so heiß, die hat dem Antoniano das Hirn in der Schale gebraten wie 'ne Wurst. »Wie war die Sonne?« Heiß wie eine Wölfin aus den Bergen. »Ha!« Hortensio wurde Lolo gerufen; Isisdro hieß Lalo. Jetzt haben wir neun Trottel zusammen; weniger wäre mehr.

2. *Paquito Malpica alias Guijo*

PAQUITO MALPICA ALIAS GUIJO war ein Luftkucker-Trottel: so ähnlich wie 'ne baumelnde Fledermaus. Luftkucker sondern grünen, süßlichen, milden Sabber ab, wie Dichter und Ballettratten. Paquito Malpica alias Guijo hat nach Anis gerochen, seit er drei war. Bekanntlich war ja sein Großvater ein ziemlicher Strolch. »Paquito, hol Wasser.« – »Ja, Onkel.« Wie kein zweiter kann Paquito das gerissene, geile Karnickel mit der Schlinge fangen, so was von gekonnt! Luftkucker lieben die Natur: die Bäume, den rauschenden Bach, die Morgensonne – die Abendsonne, den Klatschmohn, die Vögel des Himmels, die Kaninchen im Thymian, den Mond zwischen Wolken. Paquito Malpica alias Guijo war nicht bloß Trottel, sondern auch noch Krüppel: Vor Jahren hatte im Pferch ein Stier auf ihm herumgetrampelt und ihm einen Arm kaputtgemacht. Mit dem gesunden Arm hat Paquito Malpica alias Guijo seinem Onkel Wasser geholt und sogar bei Nacht überall auf dem Feld Kaninchenschlingen ausgelegt, selbstgemacht mit Fäden, die er sich aus dem Hemd riffelt. »Guijo, willst du 'nen Anis?« – »Ja, ja…« Nicht weit vom Dorf gab's 'nen Teich, genannt Pastorenpfuhl. Im Sommer haben sich da die Señoritas aus der Stadt, lauter kleine Ferkel, die Sonne auf den Pelz scheinen lassen (aber was für Pelze, lieber Gott, voll ausgereift und dicht!) und gebadet wie die Frösche. Haben Sie schon mal junge Fröschlein gesehen und die ganze Euterei? Tja, junger Mann, tja; ich weiß nicht, wo das alles noch enden soll. Früher, als es noch Anstand gab und nicht so viele neumodische Erfindungen, da hat es so was nicht gegeben. Manchmal haben die Señoritas aus der Stadt da zwischen dem einen Bad und dem nächsten Musik gemacht und miteinander getanzt, als ob nix dabei wär'. Vor Jahren sind im Pastorenpfuhl, wie das Eis getaut ist, ein oder zwei Jungen ertrunken. Das Wasser im Pastorenpfuhl war grün, süßlich und mild. Als der Herr Richter die Leiche von Paquito Malpica alias Guijo hat bergen lassen, der im Pastorenpfuhl ertrunken war, da hat der Büttel gesehen, wie dem Toten aus allen Löchern das Wasser rieselt, grün, süßlich und mild, wie der Sabber von überzarten Dichtern oder schwindsüchtigen Ballettratten.

3. *Federico Palomeque alias Caramillano*

PFEIFEN IST WAS SEHR TRÖSTLICHES für Leute, die verzweifelt sind oder liebeskrank oder an Dünnschiß leiden; zwei oder drei Takte reichen, schon ist Schluß mit Trübsalblasen, Krötenschlucken und Resignieren. Federico Palomeque war ein Dudeldödel: Sein Eschenknüppel, ganz verziert mit Figuren, maurischen Zeichen, zarten Arabesken, den hat er nicht heftig geschwenkt – was normal gewesen wär' bei so 'nem Eschenknüppel, über und über verziert mit Arabesken, eingeritzt mit Geduld und spitzer Nadel –, sondern er war damit ganz bescheiden, still, beinah verschämt. Schade um den schönen Knüppel! Dudeldödel sondern perlgrauen Sabber ab – vielleicht auch blaßbraun –, scharf und zäh, wie bei den durchgedrehten Rindern im Schlachthof. Federico Palomeque alias Caramillano, den hat, als er klein war, seine Mutter mit Schmackes mit dem Kopf gegen die Wand gerammt, um zu sehen, ob er nicht wieder auf die Reihe kommt. »O was für ein Schmerz, mein Gott, welche Pein, Herr Gott der Heerscharen, einen schwachsinnigen Sohn zu haben!« Klack, klack. Die Rezepte der Mutter haben aber nicht geholfen bei dem Jungen, der war trottal verblötscht, von 'nem bösartigen Fieber her, Sumpffieber. Die Dudeldödel mögen Dinge, bei denen es nicht so genau drauf ankommt: pfeifen, rumlungern, zwischen Sonne und Schatten hocken, Anisbonbons lutschen, am Klöppel der großen Glocke schaukeln. Federico Palomeque kann sich noch so sehr anstrengen, der kriegt nichts auf die Reihe, der erwischt nie mit dem Hund 'nen Hasen. Die große Glocke, gegossen aus dem Metall einer Maurenkanone, die bei den Rif-Leuten, den Beni Urriagel (in der Kabylei von Abd-el-Krim) erbeutet worden ist, Hauptstadt Axdir; die dröhnte über die Berge hin, bim, bam, bim, bam, bim, bam, über die Schafweiden, übers Brachland. Schon viele Jahre her, da hatte mal ein Junge am Klöppel der großen Glocke geschaukelt, ist dann wie der Klapperstorch durch die Luft gesegelt und auf dem harten Boden der Plaza krepiert. Die Glocke hat sein Totengeläut gebimmelt, und vor Kummer war die Stimme der Maurenbronze ganz gebrochen. Der Boden der Plaza war gut festgetreten, perlgrau – vielleicht auch blaßbraun –, scharf und zäh. Als der Herr Richter die kaputte Leiche von Federico Palomeque alias Caramillano hat bergen lassen, nachdem der vom Glockenturm gefallen war, da hat der Büttel gesehen, daß der Tote

Erde im Haar, in den Augen und in den Ohren hatte: blaßbraune Erde – vielleicht auch perlgrau –, scharf und zäh; die war nicht rauszukriegen.

4. *Hortensio Montánchez alias Lolo und sein Bruder Isidro alias Lalo*

DIE BRÜDER MONTÁNCHEZ waren wohlsituierte Trottel und durften deshalb frei herumlaufen. Trottel mit Freilauf mögen den Pomp und die Eitelkeiten hienieden, feine Vasen, Spiegel, Papierblumen, Stoffblümchen, Plexiglasblumen, Füllhörner, Kutschen und Schaufensterpuppen. Als Trottel geboren werden ist wie als goldig schmachtende Mimose geboren werden, die nix davon weiß. Hortensio Montánchez alias Lolo war schwabbelig, fettärschig und hatte 'ne Piepsstimme. Isidro Montánchez alias Lalo war nicht nur schwabbelig, fettärschig und verpiepst, sondern er war auch noch scharf wie ein Gorilla. Freilauftrottel sondern kristallinen Sabber ab, glibberig und mit Fäden, wie die Schnecken. »Weißes Täubchen, Stieglitz tirili, sag mir, guter Hirte, und die Prinzessin?« Gestorben an gebrochenem Herzen, wie Belmonte, wie Chicuelo. Hortensio konnte keine Kinder machen. Was für ein Jammer! Isidro konnte auch nicht. Jammer Nummer zwei! Doña Cloti Montánchez y Carcabuey war verheiratet mit Don Mercurio Parrillas y López-Vidrales, der war sehr sorgfältig und hatte ganz komische Notizen in einem Heft. »Die Engelchen gen Himmel, die Ärsche untern Schwamm, heut machen wir ein Faß auf, dam dam, und der Teufel weiß mehr, weil er alt, als weil er Teufel ist, tralala!« Auf dem Umschlag des Hefts von Don Mercurio Parrillas waren die Iberische Halbinsel und das Protektorat Marokko aufgemalt – im Norden die Pyrenäen, die uns von Europa trennen. Die Trottel mit Freilauf lieben vergänglichen Pomp, die leeren Eitelkeiten dieser minderwertigen und verkommenen Welt in Auflösung: Abendgesellschaften, Perücken, Kandelaber, Beerdigungen Erster Klasse, Leichenfeiern Erster Klasse, Teedeckchen, Spielzeuggeigen, marmorene Kichererbsen und Porzellanballerinas. Als Lolo in der Scheune vom Tragbalken hing, sah er aus wie eine komische Puppe. Die Fliegen, vollgefressen und selig, haben sich geliebt auf den zwei Handbreit Zunge vor dem Mund von Lalo, der an Lolos Beinen baumelte. Weil das Freilauftrottel waren, Trottel aus gutem Stall, hat der Büttel (als der Herr Richter undsoweiter) vor lauter Schreck nicht mal gesehen – besser aufpassen, Junge! –, welche Sorte Sabber die abgesondert haben.

5. *Pepito Chueca alias Mamón*

PEPITO CHUECA ALIAS MAMÓN war ein Kind der Sünde, ein Produkt der Sünde. Seine Mutter, Luisa Chueca, hat ihn sieben Jahre lang in einer Kiste gehalten, um ihre Schande zu verbergen. Was eine Mutter nicht alles für ihr Kindlein tut! Pepito Chueca alias Mamón war ein Prügelfresser. »Mamón, besorg mal ein paar Tomaten.« – »Nein.« Klatsch. Pepito Chueca hatte ein Schafsgesicht. Prügelfresser sondern hellgrünen Sabber ab, fade und kalt, wie die Schafe. »Mamón, besorg mal ein paar Tomaten.« – »Ich hab' doch nein gesagt.« Klatsch. Klatsch. Pepito Chueca alias Mamón hatte Würmer im Gekröse und Eiterpickel im Nacken, und der Brustkasten war verziert von fiesen Wunden, lila und lachs und rosa. Luisa Chueca hat einen riesigen bunten Blechkoffer (rot, orange, gelb, grün, blau, indigo und violett), einen feinen tiefen Koffer, und es war schon eine Lust, ihn bloß anzusehen. Pepito Chueca alias Mamón pfeift auf einem Eichenblatt und imitiert den Lockruf des Rebhuhns. »Daß du's nur weißt«, hat man ihm einmal gesagt, »wenn ich dich das erstemal im Jagdrevier rumschleichen seh', hau' ich dich tot, klar?« »Ja, Señor, ja.« Pepito Chueca alias Mamón hat das dann wohl vergessen, und als sie ihn das erstemal im Revier haben rumstreichen sehen, da haben sie ihn totgeschlagen. Jesses, was der Pepito Chueca alias Mamón für 'ne Ladung Hiebe auf seine brüchigen – nicht mal flüchtigen – Koteletts gekriegt hat! Pepito Chueca alias Mamón ist rein ins Revier und fängt an, auf dem Eichenblatt zu blasen, mit dem er den Ruf des Rebhuhns nachmacht. Da haben ihn dann der Heger und seine sechs Söhne mit Knüppeln totgeschlagen. Mindestens eine Stunde lang haben sie auf ihm herumgeprügelt. »Nicht, daß er nicht gewarnt gewesen wär', Herr Richter; natürlich hatt' ich's ihm gesagt.« Als der Herr Richter die Leiche von Pepito Chueca alias Mamón hat holen lassen, gestorben an Stockschlägen im Revier von Huélaga, da hat der Büttel sehen können, daß er hellgrün, fad und kalt aussah, wie der Sabber von Schafen.

6. *Conrado Galiana, Conradito*

CONRADITO HAT DREI verschiedene Kratztechniken: gegen den Strich, gegen die Hand, gegen was auch immer. Es gibt noch andere Techniken, aber von denen hatte Conradito keine Ahnung. Conradito ist groß geworden, ohne je was auf die Reihe zu kriegen; der hat nie mit der Töle 'nen Rammler erwischt. In einem Jahr, in dem es kaum Schnee gab, hat Conradito sich eine Erkältung geholt, die hätte ihn fast abgemurkst. Wie Conradito sagte, haben alle Würfe sämtlicher Junghasen das Ereignis mit zwei Typen von Raketen gefeiert: Krachern und Blendern. Conradito ist ein Kippenklau-Trottel. Kippenklauer sondern dunkelbraunen Sabber ab, bitter und lau, wie Rotzkastanie vom Berg, und bei Gott, meistens nicht wärmer ist auch der Blechnapf der gesammelten Miseren, das salzlose Süppchen der umsichtig knickerigen Vorsehung. Conradito ist groß geworden, ohne je Rammler, Hase und Häslein auf die Reihe zu kriegen. Conradito war Speichellecker und Arschkriecher, und sonntagmorgens hat er mit wüsten Gelüstegeräuschen das blöde Katechis-Mus geschlürft. Der Wurf der jungen Hasen ist scheu und grau. Die Junghasen des Wurfs, oh, ach weh wie schäbig, sind hell und feucht und perlgrau. Seinen lieben lausigen Freund nährt Conradito in der Wärme der Achselhöhle. Conradito ist Kippenklauer. Conradito tröstet die treuliche Laus mit der Brise – falls eine sich ergibt – aus seinem knurrenden Wanst. Conradito lächelt wie ein Hase, wenn er Kippen klaut. Conradito füttert das getreue Lausebeißerchen mit dem Schorf, der von der Krankheit her bei seinen Leisten geblieben ist. Conradito trocknet die geklauten Kippen an der Sonne. Bei allem Elend füttert Conradito doch Hänschen Leulaus durch, seinen Schildknappen. Conradito, arm wie eine Kirchenlaus und auch so sanft, hat nicht mal Essig, um die geklauten Kippen runterzuspülen. Conradito ist groß geworden, ohne je die Nisse mit dem Nissenkamm zu jagen. Conradito ist ein Kippenklau-Trottel. In Conraditos Popelpelz blühte die heldenmütig dreiste Crème de la crème allen Geläuses. Als der Herr Richter Conrado Galianas Leiche hat holen lassen, Conradito, aufgemampft von den Läusen, hat der Büttel sehen können, wie in ungeordnetem Rückzug die wirre Truppe des Geziefers braun, bitter und lau vom Toten floh.

7. *Luisito Pérez*

LUISITO PÉREZ GEHT MIT SCHLAGSEITE und pfeift schlagermäßig fröhliche Pasodobles. Luisito Pérez ist ein Breikacker-Trottel, ein sehr bedächtiger Trottel. Luisito Pérez fängt Fische mit dem Wurfnetz, spuckt in die Krüge, die am Brunnen warten, um beim Pumpen an die Reihe zu kommen, beschmiert die unwirtlichen Liebesbänke der Plaza mit Scheiße, zerdeppert mit der Schleuder die zarten Glühlämpchen, scheucht die schlitzäugigen schwarzweißen Kater, schmeißt mit Reisig nach den Jungen, verspottet die Fremden, streckt dem Pfarrer die Zunge heraus und pißt in den Brunnen. Luisito Pérez hat von seinem Vater Syphilis und Fallsucht geerbt. Breikacker sondern purpurnen Sabber ab, undurchsichtig und massig wie Hunde, die vor Hunger toll sind. Luisito Pérez fängt Fische mit dem Wurfnetz, bespuckt sonntags die aufgedonnerten Brautsleute, beschmiert das glänzende Becken des Barbiers mit weißer stinkender Kacke, zerdeppert mit der Schleuder Fensterscheiben, hetzt die zutraulichen bunten Tauben vom Taubenschlag, erschreckt die großen Mädchen, zieht die kleinen Mädchen an den Zöpfen, verspottet die Guardias, streckt dem Bürgermeister die Zunge heraus, holt sich vor dem Würdenträger einen runter und leert seine Blase – übersprudelnd von Enthusiasmus – in den Brunnen oder da, wo gerade gewaschen wird. Luisito Pérez ist ein Breikacker, einer, vor dem man sich in Acht nehmen muß. Luisito Pérez drückt sich herum und pfeift fröhliche Pasodobles. »Luisito, geh zum Gericht und sag dem Eusebio, wenn er mich weiter mit diesen beglaubigten Erklärungen behelligt, polier' ich ihm die Fresse, verstanden?« – »Ja, Vater.« In Collarejo de San Cornelio, ein Kaff, wo alles versteinert ist, auf der besseren Seite vom Matacabras-Bach, mögen die Leute keine Tunten und keine Trottel; die machen kein langes Gefackel. In Collarejo de San Cornelio haben sie mal, als es nicht rechtzeitig regnen wollte, das Kruzifix ins Wasser geschmissen. Die Jungs von Collarejo de San Cornelio sind imstande, die eigenen Väter mit Steinwürfen umzubringen. Die Fische aus dem Matacabras schmecken nicht nach Modder. Luisito fängt Fische mit dem Wurfnetz, spuckt auf knauserige Beerdigungen, beschmiert die Billardqueues mit Kacke, zerdeppert auf dem Markt die Auslagen des Töpfers, scheucht die bedächtig watschelnden Enten von der Mühle, tritt die Esel in den Bauch, verspottet ältere Frauen, streckt dem Lehrer die Zunge raus und pißt in den Brunnen und, wenn der gerade vorbeikommt, auch auf den Morgenstern. Luisito hat versucht, im Matacabras mit dem Wurfnetz Silberfische zu fangen. Als der Herr Richter die Leiche von Luisito Pérez hat holen lassen, gesteinigt am Ufer des Matacabras, da hat der Büttel sehen können, daß der Tote purpurn, undurchsichtig und massig aufgedunsen aussah.

8. *Ubaldo Argés alias Cabezabuque*

UBALDO ARGÉS ALIAS CABEZABUQUE war ein Zerdepperdepp. Ubaldo Argés alias Cabezabuque hat sich für einen Guardia gehalten, und deshalb hatte er immer ein Kapotthütchen auf und eine Nelke hinterm Ohr. Die Zerdepperdeppen sondern weißlichen Sabber ab, träge und schaumig, wie die Wolfshunde. Ubaldo Argés alias Cabezabuque hat nie was auf welche Reihe auch immer gekriegt, nie mit dem Köter das Häschen gehetzt. Ubaldo Argés alias Cabezabuque war ein Wasserkopf und Klumpfuß, mit dicken Backenknochen, Hängearsch und Glotzauge, bei dem man nie gewußt hat, wohin gerade geschielt wird. Ubaldo Argés alias Cabezabuque hat sich hinter den Musikpavillon gehockt; da konnte er die Mädchen beim Pissen am Pinkeln unterscheiden. »Die mit der meisten Pisse ist Aguedita. Jesses, was für 'ne Möse, wie 'n D-Zug!« Zerdepperdeppen mögen kräftige Impressionen: die Farbe des Zigeunerjungen, der vom Lastwagen überfahren wurde und noch nicht ganz tot ist; den Duft des Gestanks, wenn eine Sau im Misthaufen wühlt; die brechende Stimme des miesen Toreros in Todesqualen, wenn ein Stier ihm die Hörner ins Weiche rammt; den Geruch im Fell eines Hundes, der Wasser mit Blutegeln geschlabbert hat; das Knirschen der blutigen Hiebe, die kleine Jungs einander hastewaskannste verabreichen. »Auch Martita, die auch, die pißt viel und mit Wumm.« Ubaldo Argés alias Cabezabuque hält sich für 'nen Guardia und trägt deshalb eine grüngelbe Kokarde am Kapöttchen. Die Nelke, die Ubaldo Argés alias Cabezabuque hinterm Ohr hat, ist rot und rotzig wie die frische Wunde nach einem Dolchstoß. Ein Gesunder blutet rot, heftig und ohne Schaum, wie ein Hähnchen. Die Zerdepperdeppen sind Prahler und Maulhelden und sterben meistens in den Stiefeln, wie die Schmuggler bei Gibraltar und die Banditen der Sierra Morena. Ubaldo Argés alias Cabezabuque hielt sich zwar für 'nen Guardia, war aber trotzdem immer barfuß. Hinter dem Musikpavillon, während die Mädchen stramm beim Pissen waren, hat ein Verbrecher mit Schirmmütze Ubaldo Argés alias Cabezabuque erstochen, und zwar von hinten; wenn er das Schielen gesehen hätte, wär' das nämlich nicht passiert. Als der Herr Richter die Leiche von Cabezabuque hat holen lassen, Großmaul und Zerdepperdepp, hinter dem Musikpavillon von Dolchstichen durchbohrt, da hat der Büttel sehen können, daß der Tote ein Quell von hundert weißlichen, trägen, schaumigen Strömen war.

und 9. Antoniano alias Mateo

DIE SONNE WAR SO HEISS, Jesses was für 'ne Hitze!, daß dem Antoniano alias Mateo das Gehirn im Kopf gebraten wurde wie 'ne Wurst, tzsch, tzsch, tzsch, wie Brot gebacken wird im tiefen, glühenden Backofen. Antoniano alias Mateo war ein Trottel von der Sorte der Köterkiller, ein schüchterner Rieseltrottel. »Mateo.« »Zu Befehl.« – »Bring mir den Stock.« – »Ja.« Köterkiller tun immer so,als ob sie Fremde wären, und mit der Schusterahle, mit dem Schreinermeißel, mit dem Hufmesser aus der Schmiede kastrieren sie bösartig und tückisch im Licht der gerechten Sonne den Hund, der liebevoll verstöpselt ist in die einwilligende, liebevolle, hingegebene und bereite Hündin. Die Mutter von Antoniano alias Mateo hat sich über Wasser gehalten mit Wasserverkaufen auf der Plaza. »Wasser, kühles Wasser, herrlich kühles Wasser, 'nen Fünfer der Schluck! Hier gibt's Wasser! Wasser! Wer will Wasser?« Die Sonne war so heiß, daß dem Antoniano alias Mateo, wie er gerade rupfig bei den köstlich zarten Zwiebelchen Maulaffen jätet, das Hirn in der Schale gebraten wurde wie Wurst, klitsch, klitsch, klitsch, wie das Spanferkel tzsch tzsch tzsch im Backofen gebacken wird. »Sagen Sie, Jungchen, wie war die Sonne?« Heiß wie ein

Schmiedeeisen, und wüst und übel. Köterkiller sondern schwarzen Sabber ab, trocken und geringfügig, wie der Hund, den mitten auf dem Feld der Blitz trifft. »Sagen Sie, Jungchen, und zwar mit einem neuen Bild – wie war die Sonne?« Heiß wie ein portugiesischer Maulesel, und wüst und übel. Die Köterkiller sind meistens verkalkte Kerlchen, Blödiane, die nichts auf die Reihe kriegen, völlig verwahrloste Burschen und nicht gerade weltläufig. »Sagen Sie, Jungchen, und zwar noch mal mit 'nem neuen Bild – wie war die Sonne?« Heiß wie der Bergwolf, und wüst und übel. Die Sonne war so heiß, daß dem Antoniano alias Mateo, als er gerade die süßen zarten Maulaffenzwiebelchen gezupft hat, das Hirn im Schädel gebraten wurde wie 'ne Wurst, tzsch tzsch tzsch, so wie das zarte würzige Brot im Ofen des Bäckers gebacken wird. Antoniano alias Mateo war Köterkiller. Mit der Maurerkelle hat Antoniano alias Mateo den Hund vom Bäcker kastriert, ein Tierchen, das mit einem verständnislos flehenden Blick gestorben ist. Sah zum Lachen aus. Als der Herr Richter die Leiche von Antoniano alias Mateo hat holen lassen, von den Jungs im Ofen der Bäckerei durch und durch gar gebraten, da hat der Büttel sehen können, daß sein Gehirn schwarz war, trocken und nicht der Rede wert.

DIE FAMILIE DES HELDEN

Zur Erinnerung an die berühmte Chansonnette Transfiguración Palomino y de Blas alias Paquita Esmeralda; lebend war sie eine Pracht, und jedes Stück am rechten Fleck, Gott sei Dank.

Wenn ein Held sich in die Hose macht,
verliert er viel in den Augen seiner Verwandten und Angehörigen.
HÖLDERLIN

Erster Wermut

GEGENÜBER DER CALATRAVAS-KIRCHE – sie strahlt viel Würde aus, ist gravitätisch und doch feinnervig – begegnete Don Fidel Serrano, Besitzer der Confiserie *El Bombón Helvético* (Kuchen – Gebäck – Sahnetörtchen – Zuckerbrezel – Windbeutel – Karamellen – Bonbons – Torten – Schokolade – Pralinen), seinem Freund Don Bartolomé Fernández Urquidi, Witwer der berühmten Chansonnette Transfiguración Palomino y de Blas alias Paquita Esmeralda, deren Tod (bei einer wüsteren Feier kriegte sie eine Banderilla ins Auge) so lange in aller Munde war.
»Kommen Sie auf ein Glas mit ins *El Rosicler;* Pfarrer Taboada hat mir gesagt, er will mich mit dem Enkel von Don Samuel Faquitrós bekannt machen, dem Helden des Aufstands in der Balneario-Kaserne. Pfarrer Taboada hat viele Freunde; ein Jammer, daß er so ein Strolch und Schafskopf ist! Dieser Don Samuel hat alle auf den ihnen zustehenden Platz verwiesen, ganz wie Gott es will; vom Enkel weiß ich nicht viel. Es geht ziemlich bergab mit uns; Männer wie früher gibt's längst nicht mehr. Stimmt's nicht?«
»Ach, was soll man dazu sagen!«

An seinem Tisch im *Rosicler* erzählte der Enkel von Don Samuel Faquitrós (er schreibt auch Gedichte und sogar ein bißchen Prosa) gerade die weitläufige und herzzerreißende Geschichte seiner Familie. Vor Don Samuels Enkel, auf dem Tisch aus noblem abgewetzten Marmor, harrte ein Wermut seines Endes.

»Mein Onkel Don Ciriaco Gadoupa Gil, genannt Culopollo [Hühnerarsch], weil er so einen runzligen Mund hatte (außerdem hieß er noch Ojopato [Entenauge], weil das sehr an Hijoputa [Hurensohn] anklingt, aber noch keine Beleidigung ist), der ist mit der Señora von Gutiérrez durchgebrannt, mit Mädchennamen Carmelita Coxón y Carnero, und niemand hat je wieder von ihm gehört. Von mir aus soll ihn der Erdboden verschluckt haben! Die Señora von Gutiérrez ist angeblich noch mal in der argentinischen Pampa gesehen worden; da soll sie die Zukunft vorhergesagt, ihre welken Reize verhökert und elektrische Haushaltsgeräte vertreten haben; was weiß ich. Dieser Gutiérrez, das war kein anderer als der bekannte Billardspieler Don Goyo Gutiérrez Salmerón alias Mustafa, der als junger Mann versucht hat, Selbstmord zu begehen, indem er sich totwichst. Es heißt, er war nicht imstande, sich mit gewissen unglücklichen Liebschaften abzufinden. Die Familie von Culopollo war väterlicherseits ursprünglich aus Lalín, Pontevedra, und mütterlicherseits aus La Roda bei Albacete. Die Familie von Culopollo, also von meinem Onkel Don Ciriaco, hatte keinerlei Vorfahren mit besonderem Verdienst oder Ruhm. Ein Gadoupa war mal Richter in Amerika, zur Zeit von Fernando VII., und ein Gil, Don Sansón Gil Viñuelas, hat sich ›Samson von den Läuternden Flammen des Heiligen Offiziums‹ genannt und hatte eine sehr schicke Frau; der war Inquisitor. Angeblich gab es noch einen Gil, der auch berühmt und mit ihm verwandt war: Nicanor Gil Gordillo alias Perendengue [Tinnef], der war Gehilfe von Gregorio Mayoral, dem Henker von Burgos. Von den anderen weiß man nichts mehr; das waren ganz gewöhnliche Leute, Bürger ohne Schmand und Schmakkes, und die sind alle heim ins Himmelreich gegangen ohne Qualen oder Ruhm, und ohne großen Ärger zu veranstalten oder irgendwen zu verbrennen. Perendengue war geschickt und fähig und hatte ein Händchen für die Künste der Mechanik; Meister Mayoral war mit seinen Diensten zufrieden und hat das auch allen erzählt. ›Was die Verfertigung von Nachschub für die Hölle angeht‹, hat er immer erklärt, ›ist das nicht so einfach, wie es aussieht; einige sind da sehr hartnäckig und widerspenstig und geben sich alle Mühe, die Handreichung zu erschweren und einem das Fest zu versauen.‹ Meister Mayoral war ja bekanntlich sehr auf saubere und anständige Arbeit aus, und wenn er einen großkotzigen oder gefährlichen Kunden hatte, dann hat er immer meinen Verwandten Gil Gordillo als Helfer dazugeholt. Einmal, in Logroño, hatte er es mit einem Typ zu tun mit Schwielen im Genick; der hatte als Junge Furunkel und Abszesse im Nacken gehabt; und Meister Mayoral hat in einigen Erklärungen gegenüber der Lokalpresse meinen Verwandten über den grünen Klee gelobt, als einen Virtuosen der Garotte bezeichnet und einen ehrenhaften und sorgfältigen Amtsträger genannt. Gil Gordillo hat eine Señora geheiratet, und die ist, wie das eben manchmal so geht, zum Mann geworden, plötzlich und ohne Vorwarnung; zuerst kriegt sie eine tiefe Stimme, dann wächst ihr ein Schnurrbart (na ja, noch mehr Schnurrbart; hatte sie von vornherein schon reichlich), und schließlich kommen ihr noch die gewissen Merkmale; und zwar ziemlich behaarte und ansehnliche Merkmale, da war kein Zweifel möglich. Jesses, was das für ein Spektakel im Dorf gab, wegen dieser

Verwandlung! Die Nachbarn haben ziemlich schäbige Witze gerissen, und mein Verwandter hatte seine Señora zwar gern, aber am Schluß hat er sie dann doch scheußlich gefunden und ihr den Laufpaß gegeben. Sie wissen ja, wie die Leute so sind, von wegen Tuscheln und Witzeln. Aus seiner legitimen Ehe hatte Gil Gordillo keine Nachkommen, und darüber braucht sich keiner zu wundern; alles andere wäre ja doch sehr seltsam gewesen. Kinder hat er aber wohl gehabt, gewissermaßen zum Ausgleich, aus seinem Getechtel und Gefechtel mit einer jungen Witwe, die ganz üppig gepolstert war, Epifanía Bravo Sanjuán alias Trova; hat sich als sehr fruchtbar und entgegenkommend erwiesen. Einer von den zehn oder zwölf Kindern dieser nicht abgesegneten Liebschaft ist bis zu den Quellen des Amazonas vorgedrungen und hat es sogar geschafft, mit Bild und langen Auslassungen in die Zeitungen zu kommen; der Junge ist dann in Veracruz gestorben, in Mexiko; sein Kopf ist immer dicker geworden, und schließlich ist ihm das Gehirn aus Nase und Ohren rausgequollen. Ein Jammer, er schien ja doch ganz fähig und tüchtig zu sein. Mein Verwandter hat für ihn über zwei Dutzend Messen lesen lassen und ein Begräbnis Erster Klasse organisiert, mit allen Schikanen.«

Zweiter Wermut

DON SAMUELS ENKEL trank immer nur Wermut, mit oder ohne Soda, je nach Tageszeit.
»Noch einen Wermut mit Soda bitte.«
»Sofort, Caballero.«
Don Samuels Enkel hatte an einem Ohr einen Grützbeutel von der Größe einer Aprikose.

»Und das da?«
»Also wissen Sie, das ist so was wie mein Markenzeichen; in unserer Familie leiden alle an Grützbeuteln.« Don Samuels Enkel schlürfte an seinem Wermut und fuhr fort.
»Mein Onkel Don Ildefonso lebte Mitte des vorigen Jahrhunderts in Estella. Mein Onkel war aber nicht aus Estella, sondern aus Miranda de Ebro; er ist aber immer geplatzt, wenn man ihn daran erinnert hat. Mein Onkel Don Ildefonso war äußerst aristokratisch und ein feiner Pinkel, hatte aber keine Pinke; eigentlich muß er ein ganz schlimmer Hungerleider gewesen sein. Er hat da in einem halbverfallenen Riesenkasten gehaust, wo auch die Krähen und Dohlen nisteten. Manchmal hat er denen die Eier aus dem Nest geklaut und sich ein paar anständige Tortillas gemacht. Am 23. Januar, seinem Namenstag, hat er immer ein halbes Dutzend Vögel totgeschlagen und gebraten. Wenn er viel Glück hatte und mehr Krähen erwischen konnte als in die Pfanne gehen, hat er sie als Proviant eingemacht, mit Möhren und Lorbeer, Petersilie und Thymian, Zwiebeln, Knoblauch und ein paar Pfefferkörnern. Feine Sache! Mit dem Geld, das er von seiner Mutter geerbt hatte (die war Geldverleiherin gewesen und mindestens zur Hälfte Hexe), hat er über dem Portal seines Hauses einen riesigen Schild anbringen lassen, voll mit Wappenfeldern, von denen keiner wußte, wo er die her hatte. ›Das sind die Steine meiner Ahnen‹, hat er immer gesagt, ›die altehrwürdigen Steine, die von Glanz und Ehre meines Namens künden.‹ – ›Is ja gut, is ja gut‹, haben die Nachbarn dann gesagt, ›regen Sie sich nicht künstlich auf, uns ist das doch egal.‹ Mein Onkel Don Ildefonso hat nur ein einziges Zimmer benutzt; die anderen hatte er abgesperrt, damit die Vögel, die durchs Dach reingekommen sind, in aller Ruhe und mit

viel Erfolg ihre Nester bauen konnten. ›Zur Fortpflanzung muß man ungestört sein‹, hat mein Onkel immer gesagt; ›je üppiger die Quellen des Lebens, desto mehr Ruhe brauchen sie. Provisorien sind da fehl am Platz!‹ Mein Onkel Don Ildefonso hat in seinem Leben keinen Handschlag getan und der Arbeit gegenüber eine tiefe Verachtung empfunden. ›Wer liebt, was Gott verflucht hat, der ist ein Ketzer‹, hat er dem Pfarrer Don Tomás gesagt, der kein besonders helles Licht war, ›ein Lästerer, der am Schluß im gnadenlosen Feuer von Belzebubs Kessel brennen wird.‹ Mein Onkel war ein großer Frühaufsteher; um sechs war er immer schon auf den Beinen. Jeden Morgen ist er um sieben in die Messe gegangen; danach hat er eine kleine Runde gedreht, um sich die Beine zu vertreten und hinter dem Pelota-Platz was für seinen Körper zu tun, und so um die acht, halb neun, schon auf dem Rückweg, hat er ein Päckchen Tabak gekauft, ein Brot, zwei eingelegte Heringe und ein Viertel Wein und sich dann bis zum nächsten Tag in seinem Haus eingeschlossen. Die Zähne hat er nie geputzt, und nach und nach sind sie ihm rausgeeitert, und wegen all der Fäulnis hat ihm das Maul meilenweit nach verwestem Gekröse gestunken. Mein Onkel Don Ildefonso trug Bart und Mähne, wie die Heiligen, und nur in sehr großen Abständen hat er sich vor einem winzigen schäbigen Spiegel, in dem die Jahre das Quecksilber schon reichlich aufgezehrt hatten, die Haare büschelweise abgeschnitten, wenn sie zu lang waren; mein Onkel Don Ildefonso hat die Haare dann in sein Kissen gesteckt, damit es bequem und gut gefüllt bleibt. Er hat immer Trauer getragen und war dürrer als ein Ziegenköttel; als ob er das Ergebnis der herben und öden Vermählung des Hungers mit der Würde gewesen wäre. Mein Onkel Don Ildefonso hat aber bei aller Schlamperei einen letzten Hauch von Herrschaftlichkeit bewahrt, und zwar hat er sich die Kleider immer sorgfältig geflickt und ist nie mit losen Fäden am Ärmel rumgelaufen. Zu Karneval 1902, im Jahr, als Alfonso XIII. volljährig wurde, haben die Nachbarn die Tür aufgebrochen, weil sie sich Sorgen machten, nachdem sie ihn fünf oder sechs Tage lang nicht gesehen hatten, und haben ihn tot aufgefunden, ausgestreckt auf dem Bett, mit baumelnden Armen wie ein Gespenst. An Möbeln gab es in seinem Zimmer nur das, auf dem er lag, und gegenüber in der Ecke einen Schrank mit Pergamenten und Adelsbriefen, voll bis zum Platzen. Von der Tür zum Bett und vom Bett zum Schrank lief eine Art Pfad, mit einem rechten Winkel darin; den Weg hatte er mit seinen unzähligen Gängen hin und zurück festgetreten, auf einer Schicht aus Staub und Abfällen, sehr gleichmäßig verteilt und mindestens eine Handbreit dick. Der Schrank war auch von feinstem Staub bedeckt; das hat sogar gut und ehrwürdig ausgesehen. In Estella hat es lange geheißen (und in meiner Familie wird das noch immer überliefert), daß mein Onkel im Ruch der Heiligkeit gestorben sein muß, und nach allem, was da zu sehen und zu riechen war, muß das wohl ein Ruch irgendwo zwischen Ziege und ranzigem Talg sein, aber kein Ruch wie bei einem normalen Toten aus der großen Herde. Er war dürr wie ein Stockfisch, und es kann sogar sein, daß er nichts mehr an sich hatte, was verwesen konnte; jedenfalls steht fest, daß seine Leiche nicht verwest ist in den etlichen Wochen, die man damit verbracht hat, die Frage zu diskutieren, wer denn für das Grab und die sonstigen Bestattungskosten aufkommen soll; was das angeht, heißen da alle Hase.«

Dritter Wermut

DER ENKEL VON DON SAMUEL klatschte äußerst verdrossen in die Hände.

»Ober, noch einen Wermut mit Soda.«

»Sofort, Caballero.«

»Und eine Zigarre, Farias, nicht zu trocken.«

»Sofort, Caballero.«

Don Samuels Enkel war um die Siebzig; er hatte eine Baritonstimme, üppiges weißes Haar und das spöttischtrotzige Gesicht eines Zuhälters, Predigers oder ehemaligen Banderilleros. Pfarrer Taboada bewunderte ihn sehr, und während Don Samuels Enkel seine Geschichten erzählte, nickte der Pfarrer immer wieder beifällig und im Takt. Don Samuels Enkel trank einen Schluck Wermut und zündete seine Zigarre an.

»Mein Großonkel Don Ricardo hat es zu Amt und Würden gebracht, obwohl er zuerst nicht lesen und schreiben konnte. Er war ein fleißiger Mann, intelligent und ehrenhaft, und mit Arbeit, Nachdenken und gutem Benehmen hat er sich die Grundkenntnisse in Lesen, Schreiben und Rechnen beigebracht, außerdem spanische Geographie, und so hat er den Posten des Wiegemeisters im Schlachthof gekriegt. Als er schon jenseits der Vierzig war, hat meinen Großonkel Don Ricardo, dem ansonsten alle Bildung abging, die Bazille der Wissenschaft erwischt, und zwar in einer so virulenten Form und derart tyrannisch, daß er es innerhalb von zwei Jahren zum Bakkalaureus gebracht hat und in den drei folgenden Jahren zum Doktor der Philosophie und der Naturwissenschaften. Dann hat er sich daran gemacht, Krause aus dem Deutschen zu übersetzen. Das war die Zeit, als die Thomisten, angeführt von Don Juan Manuel Ortí y Lara, dem Philosophen von Marmolejo, sich ewig mit den Krausisten geprügelt haben, die sich hinter Don Julián Sanz del Río formierten, dem Laienheiligen von Torrearévalo, wie mein Großonkel Don Ricardo ihn nannte, und er hat sich dieser Aufgabe mit soviel Leidenschaft gewidmet, daß er schließlich an einer bösartigen Hirnhautentzündung gestorben ist. Sein Manuskript, das nie veröffentlicht wurde, hat seine Frau, meine Tante Teresa, mir testamentarisch vermacht, zwei riesige Schwarten von jeweils mehr als tausend Seiten, umwickelt mit Aktenschnur in den Farben der spanischen Fahne und mit einem Aufkleber, auf dem in der Handschrift meiner Tante zu lesen ist: ›Das ist das Buch, das meinen armen Ricardo (R.I.P.) umgebracht hat.‹« – Don Samuels Enkel schwieg, traurig und versonnen.

»Nun ja, so ist das Leben nun mal!«

Don Samuels Enkel setzte eine feierliche Miene auf und sprach mit tiefer Stimme.

»Mors omnia solvit!«

Und Pfarrer Taboada, vielleicht aus Trägheit, murmelte zurückhaltend und demütig:

»Amen!«

Don Samuels Enkel achtete nicht weiter auf ihn, kniff die Augen zusammen, als könne er sich so besser auf die Geschichte besinnen, und fuhr fort.

»Mein Großonkel Don Estanislao war ein Bruder meines Großonkels Don Ricardo und zehn oder zwölf Jahre jünger als er. Bis zu seinem fünfundvierzigsten Lebensjahr, ungefähr jedenfalls, war er ein Mann wie alle anderen; er hatte Jura studiert, war Anwalt und hatte, soweit man wußte, keine größeren Absonderlichkeiten. Plötzlich fing er an, merkwürdig zu werden; die ersten Anzeichen, daß etwas nicht stimmte mit ihm, waren einige einsame Riechorgien, die seinen Leuten sehr zu denken gaben. Der Geruch, der ihm am besten gefiel, war der vom Docht der Öllampen beim Erlöschen. In seinem Haus hatte er eine Kammer, eher einen Wandschrank, wo er sich mit seinem Öllämpchen eingeschlossen hat und seiner Streichholzschachtel, und da hat er dann angezündet und gelöscht und geschnüffelt und wieder von vorn, bis nach zwei oder drei Stunden die Familie ihn halb erstickt mit Gewalt da herausgeholt hat; manchmal mußten sie ihn an die Luft setzen, auf den Balkon, damit er überhaupt wieder richtig atmete. Wegen seiner Vorlieben hing meinem Großonkel Don Estanislao ein durchdringender Sakristeigeruch in der Haut, der auch mit Schmierseife nicht wegzukriegen war. Er hat rückwärts gegessen; er fing mit einem Cognac an, dann kam der Kaffee, dann der Nachtisch und am Schluß die Suppe, immer mit einem Schuß aus der Wasserkaraffe verdünnt. Mit fünfzig wurde er kokett und hat angefangen, sich wie ein Fatzke nach der verdrehtesten neuen Mode zu kleiden; da kann ich Ihnen zum Beispiel erzählen, daß er sich mit Brennschere den Bund und die Gurte seiner Unterhosen – das waren lange, natürlich – hat kräuseln lassen. Um die gleiche Zeit hat er auch angefangen, seltsame Geschäfte auszuhecken, die weder Hand noch Fuß hatten, die ihm aber hin und wieder doch etwas eingebracht haben. Mein Großonkel Don Estanislao war der erste, der auf den Gedanken gekommen ist, Fische in riesigen Bottichen voll Meerwasser lebend nach Madrid zu bringen. Damit hat er einiges Geld verdient, und mit dem Alter ist das, was bei ihm zuerst Koketterie war, nach und nach zu einer Gier nach Luxus geworden; er hat sich protzige pelzbesetzte Mäntel angeschafft, die ihm bis auf die Knöchel reichten, angefertigt aus Palencia-Tuch und verziert mit schwarzen Schnüren und Borten, so daß er aussah wie ein wilder ungarischer Fürst. Er ist mit großartigen, lackierten Kutschen durch den Retiro-Park gefahren, und auf den Verschlägen wa-

ren ausladende heraldische Wappen. Der Marquis von Morlanda hat gegen ihn prozessiert, weil er sich dessen Titel und Wappen einfach so zugelegt hatte. Mein Onkel Don Estanislao hat sich von zu Hause eines Tages französisch empfohlen, ohne eine Spur zu hinterlassen, und jahrelang hat man nichts mehr von ihm gehört, bis er plötzlich in den Höhlen von Granada gefunden wurde, wo er bei den Zigeunern vom Sacromonte gehaust und von Almosen und Bettelei gelebt hat. Als sie ihn dann wieder nach Hause geholt haben, ist er ohne einen Muckser eingegangen wie ein Vögelchen.«
Don Bartolomé Fernández Urquidi war sehr vergnügt und aufmerksam. Don Fidel Serrano fragte ihn leise:
»Na? Was halten Sie von dem Freund, den Pfarrer Taboada sich da aus dem Ärmel gezaubert hat? Ist das nicht ein feiner Mann, der etwas darstellt?«
Der Enkel von Don Samuel schnitt Don Bartolomé die Antwort ab, mit der Geste eines Mannes von Welt, der längst Pomp und Eitelkeiten hinter sich hat.
»Meine Tante Doña Vicenta, von einigen auch Doña Primitiva genannt, die Frau meines Großonkels Don Estanislao, die habe ich noch gekannt, in ihren letzten Jahren, und zwar waren das sehr viele Jahre; ohne Zweifel mehr letzte Jahre, als sie sonst bei wem auch immer anfallen. Die Alte war schon beeindruckend; lang wie ein Tag ohne Brot und dünner als eine Opferkerze, und ihre Augen waren immer erstaunt und verschleiert, wie die von Blinden. Blind war sie nicht, aber sie wirkte so, weil sie neben allem anderen keinem je gerade in die Augen gesehen hat, sondern wie die Jesuiten, das heißt verstohlen und nur, wenn sie nicht beobachtet wurde. Ihre Haare waren ganz weiß und wie ein Heiligenschein, und sie hat sich immer in Rot gekleidet, bis hin zu roten Schuhen und Strümpfen. Sie hat leise gesprochen und langsam und, wie gesagt, dabei ihrem Gesprächspartner

nicht in die Augen gesehen, sondern über ihn hinweg. Doña Vicenta hatte die aristokratische Angewohnheit, die Namen von Städten, Provinzen, Regionen und so weiter immer nur im Plural zu verwenden: die Andalusien, die Logroños, die Galicien, die Badajoces, die Málagas, die Léridas, die Katalonien und so fort. Mir hat sie, als ich klein war, schreckliche Angst eingejagt und sogar Alpträume verursacht. Doña Vicenta hatte ein Hutgeschäft; im Schaufenster prangte da zwischen Baretten, Biretten und Dreispitzen eine stille Verlautbarung: ›Wir ändern, waschen und färben jede Art Hut. Spezialisiert auf Klerus, Magistrat und Streitkräfte. Wir geben keinen Kredit.‹«

Pfarrer Taboada mußte unbedingt seinen Senf dazugeben.

»Doña Vicenta kannte sich eben aus und wußte, wo der Most zu holen ist.«

»Also, hören Sie, ich habe nichts dazu zu sagen, weder ja noch nein; ich beschränke mich darauf, Ihnen die Dinge so zu erzählen, wie sie waren.«

»Nicht aufregen, *hombre*; regen Sie sich nicht auf; war ja bloß ein Einwurf. Kommen Sie; machen Sie weiter.«

Don Samuels Enkel verstand zwar durchaus Spaß, war aber doch ein wenig pinselig und zimperlich.

»Ich erzähle Ihnen alles ohne Ausschmückung und ohne eigene Zutaten. Hören Sie, Presbyter Taboada, es interessiert mich überhaupt nicht, etwas zu beweisen, was im übrigen jedem völlig klar ist, daß nämlich die Kleriker, die Juristen und die Militärs (oder besser gesagt eine gewisse Anzahl Kleriker, Juristen und Militärs) bei Doña Vicente meistens ohne zu bezahlen verschwunden sind.«

Pfarrer Taboada wollte unbedingt Öl auf die Wogen gießen.

»Regen Sie sich doch nicht auf, *hombre;* nur nicht aufregen. Ich sage Ihnen doch, es war nur ein Einwurf ohne jede böse Absicht. Kommen Sie; machen Sie weiter.«

Vierter Wermut

EHE ER FORTFUHR, verlangte Don Samuels Enkel einen weiteren Wermut. Als dieser gebracht worden war, spülte er sich die Kehle und gurgelte anschließend diskret und zurückhaltend, beinahe elegant.

»Don Estanislao und Doña Vicenta hatten neun Kinder, aber sieben davon sind gestorben, noch ehe sie drei Jahre alt waren. Wie man so sagt, hatte der Todesengel sie schon vor der Geburt mit der Schwinge gestreift. Die Überlebenden, Angelino und Esthercita, waren arme Würmchen; daß sie überhaupt überlebt haben, kann ich mir nicht erklären. Angelino war ein schwächliches fahlblondes Kerlchen und so kurzsichtig, daß er schon fast eher blind als sonst was war. Die Brillengläser von Angelino waren zum Lachen dick; aber in Wirklichkeit konnte der Ärmste weniger sehen als ein Maulwurf, der in einen Kochtopf eingesperrt ist. Angelito war Graphiker und Karlist und hat Zigarrenbinden gesammelt und Schokoladenbildchen. In unser Haus kam er nur einmal im Jahr, und zwar wenn die Karlisten die Gedenkfeier für ihre toten Könige abhielten. Dann hatte er sein rotes Karlistenbarett auf, und mein Vater, ganz entschieden ein Liberaler, hat ihn ohne Rücksicht auf Verluste mit ein paar Fußtritten die Treppe hinunterbefördert. Im nächsten Jahr ist Angelino dann immer wiedergekommen, als ob nichts passiert wäre, und die Szene hat sich wiederholt. Dieser Angelino hat ein Mädchen aus Toledo geheiratet, Socorrito Cebolla, die war so gut wie schwindsüchtig und ist im Kreißsaal gestorben. Die Frucht dieser Ehe war ein Mädchen; am Taufbecken hat man sie dann ebenfalls Socorrito genannt; aus der ist mit der Zeit ein schlimmer Dragoner geworden – wie man so sagt: ein ganz mieser Hausdrachen. Socorrito II hatte ein Trachom; aber das hat natürlich ihr Temperament nicht gemindert und sie nicht daran gehindert, alle herumzukommandieren. Irgendwann ist sie dann mit einer wandernden Schauspieltruppe von zu Hause abgehauen, und Jahre später habe ich sie in La Coruña getroffen, im Bordell *Zur Mittel-Titte* in der Calle Papagayo; da war sie fett und hat gestottert, hatte Triefaugen fast ohne Wimpern. Sie war wirklich ein ziemliches Scheusal. Ihre Tante, Esthercita, die Schwester von Angelino, war als Mädchen reichlich dünn, aber sehr elegant und attraktiv. Sie hatte blaue, verträumte Augen und klare Gesichtszüge, und sie war blaß und empfindsam und sogar ein bißchen gebildet. Sie hat sehr schön gestickt, Gedichte gelesen, hatte einen guten Sopran und spielte sehr gut Klavier: *Der Barbier von Sevilla, Pagliacci, Gebet einer Jungfrau* und so weiter. Esthercita hat sehr an Doña Vicenta, ihrer Mutter, gehangen, von der sie immer wie ein kleines Kind behandelt wurde. Als Doña Vicenta gestorben ist, hat Esthercita, die schon auf die fünfzig zuging, das Hutgeschäft verkauft, das Klavier an den Nagel gehängt, sich in ihrem Haus eingeschlossen und sich für den Rest ihres Lebens nie wieder blicken lassen.«

»Nicht mal, um in die Kirche zu gehen?«

»Na ja, um in die Kirche zu gehen schon, ja. Aber nur die halbe Stunde, die dazu nötig war. Ober, Wermut!«

»Sofort, Caballero.«

Fünfter Wermut

DON SAMUELS ENKEL trank mehr Wermut als sonst irgendjemand.
»Um nicht die Spuren der Erinnerung an die arme Mama zu verwischen, wie Esthercita sagte, wurde in diesem Haus nie wieder ein einziger Stuhl verrückt, auch kein Fenster geöffnet, nicht gekehrt und nicht auf den Regalen, Möbeln und Vorhängen Staub gewischt. Esthercita war sehr zählebig, sie wurde geschrumpeltem Pergament immer ähnlicher; wenn jemand immer pergamentiger wird, das ist ja bekannt, dann kriegt den keiner so leicht kaputt. Als sie gestorben ist, bin ich mit der ganzen Familie zur Leichenwache gegangen. Das Haus war schon ein beeindruckender Anblick, mit der Dekoration von anno 1870, alle Ecken voller Spinnweben und dazu Ratten, die Bockspringen auf der Leiche spielten. Der Geruch war auch sehr eigenartig; das Haus von Esthercita roch nach strammem Käse und ranzigem Honig, Honig mit Essig vermengt. Natürlich hatte alles eine besondere Klasse und Qualität, aber der Geruch von Esthercitas Haus war so streng und durchdringend wie der von der abgerissenen Walverarbeitungsfabrik in Corcubión. In ihrem Sarg sah Esthercita aus wie das genaue Replikat ihrer Mutter: dasselbe feine Skelett, derselbe Heiligenschein aus weißen Haaren und der rote Morgenrock, den sie zum Sterben angezogen hatte.«
Don Samuels Enkel blickte die Umsitzenden der Reihe nach an.
»Ich weiß nicht, ob ich Sie nicht mit soviel Familienklatsch langweile. Wenn Sie wollen, können wir hinterher gern in den Puff gehen, um den schlechten Geschmack im Mund loszuwerden.«
Don Samuels Enkel heißt Don Evangelino Gadoupa

Faquitrós und besitzt den Gummiwarenladen *La Higiénica Europea* [Die europäische Hygiene], den er geerbt hat von der Familie seiner Frau, Doña Gertrudis Pascual Caballería, einer Dame mit Vermögen, die den glücklichen Einfall hatte, vor ihrem Ableben ein Testament aufzusetzen. Don Evangelino hielt überhaupt nichts von dem Geschäft, denn sein ganzer Stolz war einerseits die Dichtung und andererseits die Tatsache, daß er Enkel von Don Samuel Faquitrós Vinuelas war, dem Helden des Aufstands in der Balneario-Kaserne. Don Evangelino war sehr geschickt im Abfassen von Gedichten mit Moral. Wie es hieß, war er der inspirierte Autor des folgenden bekannten Werks:

›Es trug ein Mandarin, zum Entzücken
von ganz China, feinste Achselperücken,
und ein Typ aus Vigo hat frohe Phrasen
auf der Klarinette mit dem Arsch geblasen.
Moral:
Was Unfug angeht, kann keiner sich messen
mit Galiciern und Chinessen.‹

Angeblich stammt von ihm auch jenes andere Gedicht, das so beginnt: In Zaragoza, in einem Konzertcafé, undsoweiter; aber das ist sehr ordinär und besser nicht wiederzugeben. Don Evangelino war auch ein begabter Kalligraph mit Geschmack; von ihm waren alle Hinweiszettel an den Fächern und Regalen im Laden für Gummiartikel: Hüftgürtel, Bruchbänder, orthopädische Korsetts, Nabelbinden, Leistenbinden, Chirurgenhandschuhe, Haushaltshandschuhe, Wärmflaschen, nässeresistente Bettunterlagen, Klistiere, Ballons, Brustpolster, Stützstrümpfe, Hämorrhoidenkissen, Gelenkbinden, Knieschützer, Armbinden, Kugeln (normal und bemalt), Bälle, Badekappen, Gummistiefel, Galoschen, Überschuhe, Windeln, Schnuller, Sauger, Beißringe,

Fingerlinge, Sonden, Rektalkanülen, Vaginalkanülen, Krückenspitzen, Stopper für Türen und Klosettdeckel, Damen- und Herrenrasierer, Suspensorien, Präservative, Manschetten für Schnellkocher, Schläuche, Schwimmer, Taucherausrüstung, Kaugummi gratis, Barzahlung, etc.

Don Evangelino, der Enkel von Don Samuel, war unermüdlich. »Meine fünf Tanten, Doña Josefina, Doña Luisita, Doña Lolita, Doña Herminia und Doña Caridad, waren sämtlich so unerträglich, daß bei ihrem Anblick die Milch sauer wurde; deshalb nannte mein Vater sie zusammen Die Milchstraße. Die Sommerzeit haben sie mit ihren Kindern immer in El Sardinero verbracht, genau wie wir. Alle fünf hatten Schnurrbärte wie die Tiger, fraßen wie die Haie und litten an Verstopfung. Sie schlingerten immer von Backbord nach Steuerbord, wie Schiffe bei schwerer See, und sie waren die Sklavinnen ihrer rebellischen, verstockten Bäuche und ihrer lindernden Einläufe. Sie litten an Aerophagie; deshalb haben sie immer wieder krachende Fürze und schwere tiefe Rülpser ausgestoßen, dröhnend wie Kanonenschüsse. Am runden Tisch im Hotel, an dem wir alle gesessen haben, auch wenn wir achtzehn oder zwanzig waren, ging meine Tante Doña Herminia der scheußlichen Angewohnheit nach (die sie in der Öffentlichkeit hätte verbergen sollen), am Ende ihr falsches Gebiß im Weinglas zu reinigen, das sie anschließend immer mit großem Zeremoniell geleert hat. Danach hob sie eine Arschbacke, ließ einen rücksichtslosen aggressiven Furz los und starrte uns alle herausfordernd an. In solchen Momenten war sie wie ein Husarenoberst, und natürlich hat keiner von uns sich getraut, den Blick vom Teller zu heben. Ihre Schwester Doña Caridad war zuständig dafür, uns Ausflüge auf dem Meer zu versauen. Wenn schon alles vorbereitet war, hat sie meinen Papa in eine Ecke gewinkt und ihm mit tiefer hohler Stimme gesagt: ›Vorsicht, Matías, das Meer ist sehr tückisch! Wolle Gott, daß wir nicht später ein irreparables Ungemach zu beklagen haben!‹ Dann erschrak mein Vater immer, und wir blieben an Land, traurig und verdrossen. Meine Tante Doña Caridad sorgte sich sehr wegen des Teufels und hat uns immer überwacht, um zu sehen, ob wir nicht irgendein Zeichen von Besessenheit durch den Bösen zeigten, nämlich: im Traum Sprachen sprechen, die man nicht beherrscht; gegen die Naturgesetze verstoßen, indem man mit den Füßen an der Decke geht und den Kopf baumeln läßt; in wenigen Minuten etliche Kilometer zurücklegen; und geheime Schlupfwinkel entdecken. Da weder meine Vettern und Kusinen noch meine Geschwister oder ich einen Pakt mit dem Teufel geschlossen hatten, sind wir einem Exorzismus durch Tante Caridad entgangen, was garantiert eine schmerzhafte und lästige Operation gewesen wäre. Meine Tante Doña Josefina rauchte Grobschnitt, und davon – sie hat allerdings behauptet, es käme von der Bronchitis – kriegte sie sehr bemerkenswerte Anfälle von Schluckauf und Gurgeln, sehr lautstark und langwierig. Meine Tante Doña Josefina hat immer den ganzen Tag lang gerotzt, ins Taschentuch und aus dem Fenster, manchmal auch an die Wände und Scheiben; uns anderen hat das den Magen umgedreht, aber niemand hat auch nur einen Muckser gesagt. Doña Luisita und Doña Lolita, meine beiden übrigen Tanten, waren da viel umgänglicher und erträglicher, jedenfalls im Vergleich zu den dreien. Doña Luisita hatte sich von ihrem Mann getrennt und lebte ganz offen mit einem abgesprungenen Klosterbruder zusammen, der an Seelenwanderung glaubte, Geister beschwor und die Zukunft las. Dieses Subjekt war ein halber Buddhist, hörte auf den Namen Leónidas Velilla

Zafrilla und war im berühmten Zirkus der Brüder Conradi Floh-Dompteur gewesen; Leónidas hatte Doña Luisitas Moral fest im Griff, indem er damit drohte, den Teufel herbeizuholen, damit er ihre Seele anrührt (was natürlich ein Risiko für ihre Erlösung darstellte). Mein Vater hat ihn Rasputin genannt und kaum je mit ihm geredet. Der Vorgänger von Leónidas im Pfühl von Doña Luisita, also der legitime Gemahl meiner Tante, war Don Genaro de la Cámara y Cabra, studierter Apotheker und auf seine Weise Epikureer. Don Genaro war geiler als ein Affe und wurde kurz nach der Eheschließung ernstlich krank. Die Ärzte haben ihm höchstens noch ein Jahr gegeben, und da ist dann Doña Luisita, die sich vor Kranken sehr ekelte, mit Rasputin durchgebrannt, ihrem aus der Kutte gehüpften Herzchen. Der Apotheker, allein und von den Ärzten aufgegeben, hat sich dem Schnaps verschrieben, ist in sein Heimatdorf zurückgegangen und hat sich da ein Haus nach seinem Geschmack bauen lassen, ein Haus, in dem er bequem sterben konnte. Das Haus war eingeschossig, Küche und Dienstmädchenwohnung im Keller. Das eigentliche Geschoß bestand nur aus einem riesigen Zimmer in Form eines doppelten T, wie Tragbalken. Bekanntlich gibt es ja auch Tragbalken, die aussehen wie ein Doppel-T. Schauen Sie, ich glaube, es ist besser, wenn ich Ihnen das aufmale; mit einer Skizze verstehen Sie das sofort. Ober, räumen Sie das leere Geschirr weg, bitte. Bringen Sie mir noch einen Wermut mit Soda. Halt; und geben Sie mir einen Stift... Das ist doch kein Bleistift, das ist ein Stück Scheiße! Spitzen Sie das Ding an und geben Sie Ihren Kunden einen Bleistift, wie Gott ihn schuf, einen benutzbaren Bleistift!«

»Sofort, Caballero.«

Sechster Wermut

AUF DEM WEISSEN MARMOR zog Don Samuels Enkel einige Striche, mehr oder minder wie unten. Bevor er in seinen Erklärungen fortfuhr, bezifferte er die Einzelheiten, die er für wichtig hielt, mit winzigen Zahlen.

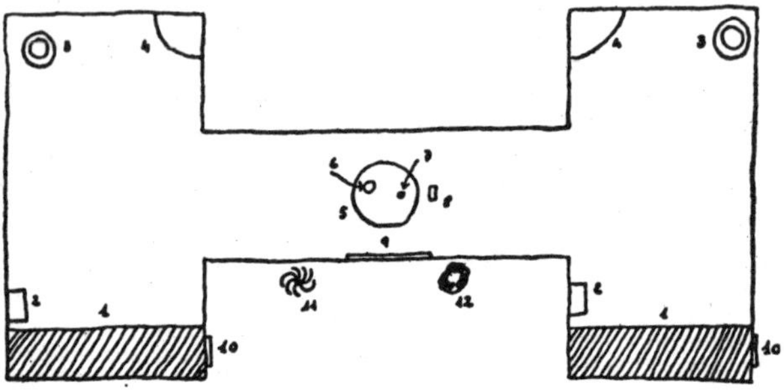

»Schauen Sie. Das Haus, das Don Genaro sich bauen ließ, war beinahe symmetrisch, das heißt, es gab da alles doppelt: das Bett, das ich hier mit den beiden schraffierten Rechtecken wiedergebe (Nummer 1); der Nachttisch (Nummer 2); das Klosett, das sind die beiden kleinen konzentrischen Kreise (Nummer 3); der Waschtisch (Nummer 4). Die Betten und die Nachttische waren gleich ausgerichtet. Die Klosetts und Waschtische nicht; Klosetts und Waschtische waren seitenverkehrt gleich. Mitten im Raum stand ein runder Tisch (Nummer 5), darauf eine Karaffe mit Schnaps aus Rute (Nummer 6) und ein Glas (Nummer 7). Unter den Tisch hatte Don Genaro eine Korbflasche mit Schnaps gestellt (die ist auf der Zeichnung nicht zu sehen, weil sie unter dem Tisch war), und daneben war ein Stuhl, damit er sich zum Essen setzen konnte (Nummer 8). Im Haus gab es nur eine einzige Tür (Nummer 9) und zwei kleine Luken fast unterm Dach, beide am Fuß des jeweiligen Betts und nach Osten gerichtet, damit die aufgehende Sonne ihm grüßend ins Gesicht schien (Nummer 10). Neben die Tür hat Don Genaro eine Palme (Nummer 11) und einen Granatapfel (Nummer 12) gepflanzt. Die Palme ist das Symbol der männlichen, der Granatapfel das der weiblichen Fruchtbarkeit. Als das Haus fertig war, ist Don Genaro eingezogen und hat es nicht mehr verlassen, bis man ihn mit den Füßen voran herausgetragen hat, dreißig Jahre später.«

»Nicht einmal um in die Kirche zu gehen?«

»Nein, nicht mal um in die Kirche zu gehen. Don Genaro war nicht abergläubisch.«

Don Evangelino zuckte mit keinem einzigen Gesichtsmuskel und fuhr fort in seiner Tirade.

»Die Ärzte und Doña Luisita hatten sich mit der Diagnose vertan; wie ich Ihnen ja schon erzählt habe, hat Don Genaro länger gelebt, als alle erwartet hatten, und er hatte auch noch genügend Kräfte, um den Dienstmädchen zwölf Kinder zu machen, sechs mit Rufi (Schlupfloch) und sechs mit Paula (Dösemöse), und alle zwölf waren Idioten: nicht ein bißchen doof, o nein, glauben Sie nur ja nicht, die wären Halbidioten gewesen, sondern Totaltrottel, also komplett gaga. Don Genaro stand immer im Morgengrauen auf und trank eine Tasse glühendheißen Kaffee, schwarz und ohne Zucker. Danach las er eine Stunde lang: den *Rocambole* von Ponson du Terrail, und *Die Geheimnisse von Paris* von Eugène Sue, und die konnte er später alle auswendig. Wenn er das Buch zugeklappt hatte, machte er ein paar schwedische Gymnastikübungen, drei oder vier, und dann fing er an, durchs Zimmer zu gehen, von einer Seite zur anderen, dabei hat er Zigaretten geraucht; und auf jeder dieser Rundreisen hat er sich ein Glas Schnaps hinter die Binde gekippt. Um zwölf gab es Mittagessen, Knoblauchsuppe mit einem Ei, und um neun Uhr abends das Nachtmahl, ein paar Scheiben Schinken und noch ein Ei, diesmal pochiert. Zu den Mahlzeiten trank Don Genaro Mineralwasser aus Lanjarón, das ist sehr gesund, reinigt das Blut und entschlackt. Wenn er dann endgültig abgefüllt war, hat er sich aufs nächste Bett fallen lassen, sich vollgeschissen, vollgepißt und vollgekotzt und geschlafen wie ein Murmeltier; dann ist immer eines von den beiden Mädchen hochgekommen, hat ihn ein bißchen saubergemacht und ihm noch einen sehr heißen schwarzen Kaffee gebracht, mit drei Aspirin darin. Die Mädchen hatten den Befehl, sich ihm nie anders als splitternackt zu präsentieren; manchmal hat Don Genaro sie dann ins Bett geholt und ihnen ein Gläschen Schnaps ausgegeben, und manchmal hat er sie auch ohne weiteres und wortlos (wenn nicht gar mit einem Tritt in den Hintern) in den Keller zurückgeschickt. Don Genaro schlief das halbe Jahr nackt (von Mai bis Oktober), und die andere Hälfte mit Pyjama, halb oder komplett (von November bis April); an Allerseelen begann die Schlafjackenzeit, aber er hat weiter ohne Hose geschlafen bis zum Fest der Unschuldigen Kindlein, dann hat er sie angezogen; am Karnevalsdienstag hat er sie wieder ausgezogen und am 2. Mai, am Unabhängigkeitsstag hat er Rufi (Schlupfloch) und Paula (Dösemöse) auf ein paar Gläschen Schnaps eingeladen und sie sogar ihre Küchenbänkchen mitbringen lassen, damit sie sich an den Tisch setzen konnten. Den Schnaps hat Don Genaro grosso gekauft, bei der Firma Écija Repullo Wwe., Rute, Córdoba, Spain.«

Der Enkel von Don Samuel Faquitrós stand auf.

»Sie entschuldigen.«

Als er vom Pissoir zurückkam, wobei er sich den Stall zuknöpfte, bestellte Don Samuels Enkel unterwegs einen weiteren Wermut.

Siebter Wermut

»MEINE TANTE LOLITA war die Witwe von Don Trinidad Martín Fernández, dem Sohn des berühmten Generals der Marineinfanterie, Don Segundo Martín Abollado, der vor mehr als einem Vierteljahrhundert gestorben ist. Als ich Don Segundo kennenlernte, ging er auf die Siebzig zu oder war schon jenseits, und er war ein ganz kleiner alter Mann, dünn, kerzengerade, sehr elegant und immer picobello; er hatte ein aggressives rotes Spitzbärtchen, wie eine junge Geiß, und damit sah er sehr listig und mephistophelisch aus. Don Segundo war kahl und trug Perücke, wie andere ein Barett tragen; das heißt, wenn Don Segundo zum Beispiel in einen Salon kam oder ins Theater, nahm er das Toupet ab und ließ es mit Umhang, Handschuhen und Stock in der Garderobe. Im Sommer hat er das Toupet immer auf dem Kopf gelassen, gegen Hitzschlag. Don Segundo stammte aus einer sehr distinguierten Magnatenfamilie und war ein erstklassiger Säufer und Hurenbock vor dem Herrn. Er hat viele wichtige politische Posten bekleidet, aber meistens nicht sehr lange. In Pamplona, wo er unter Canalejas Zivilgouverneur war, hat er eine Demonstration von Pfarrern und alten Damen aufgelöst, indem er sich auf dem Gouverneursbalkon zeigte, an jeder Seite ein Mädchen bestenfalls im Hemde. Auch eine Art, sich in Amtsgeschäften abzurackern! Logischerweise hat man ihn Knall auf Fall geschaßt, telegraphisch. Das muß um die 1910 oder 1911 gewesen sein, ich bin nicht ganz sicher. Danach war er Gouverneur von Sevilla. Während seiner Amtszeit trat in der Stadt die bildschöne Coupletsängerin la Coquito auf, die den Genuß ihrer Reize unter den Zuschauern versteigerte, das Los einen Real. Beim ersten Mal hat Don Segundo, als die Ziehung schon lief, la Coquito von der

Polizei festnehmen lassen; damit hat er den Kommissar Don Rafael Beneyto y Valle betraut, Spezialist für heikle Missionen; er kam später zu Ruhm dank seines entschlossenen Eingreifens beim Streik der Tagelöhner von Dos Hermanos. Dieser Don Rafael Beneyto war der Vater von Don Lázaro Beneyto Huertas, ebenfalls Polizist, Autor eines sehr erfolgreichen Buchs mit dem Titel *Historisch-juristische Rechtfertigung des sogenannten Fugas-Gesetzes.* Don Rafael, von den Sevillanern Abd-el-Krim genannt, hat die Coquito durch den Hinterausgang des Theaters weggeschafft, ohne daß jemand etwas gemerkt hätte, und als man sie zu Don Segundo brachte, ist der mit ihr abgehauen; sie sind die ganze Nacht durch die Weinschänken gezogen, haben Manzanilla getrunken, Flamenco gehört und den König hochleben lassen. Der Impresario des Theaters hat eine Rede gehalten, als die Leute ihm den Laden anzustekken drohten, und zwar hat er gesagt, die Künstlerin habe sich plötzlich unpäßlich gefühlt und die gleichen Lose blieben für die morgige Tombola gültig, außerdem sei dann der Eintritt für sie frei, und morgen würde la Coquito zweimal die saftige Flohnummer bringen; außerdem sagte er, um dem ehrbaren Kunden sein freies und demokratisches Recht darauf zu garantieren, mit la Coquito möglicherweise ins Bett zu gehen, werde das Unternehmen beim Herrn Zivilgouverneur vorstellig werden, damit er persönlich sich dazu bereitfinde, das Glückslos zu ziehen. So geschah es auch; am nächsten Tag, mit größter Spannung erwartet, ist der Herr Zivilgouverneur auf die Bühne gekommen, hat die ihm dargebrachte Ovation dankend erwidert, dann an die Decke gestarrt und die Hand langsam in den großen Lederbeutel gesteckt, in dem so viele Illusionen schlummerten. Die Künstlerin, ausgestreckt auf einem Diwan und in Tüll gehüllt, lächelte dazu mit großer Heiterkeit;

im Grunde war ihr der eine so egal wie der andere. Der Herr Zivilgouverneur zog den Loszettel, und ein Findelkind aus dem Waisenhaus, extra zu diesem Zweck herbeigeholt, rief die Nummer aus. Der Herr Zivilgouverneur wandte sich an die Teilnehmer. ›Sevillanos!‹ sagte er mit dem Gehabe eines Tribunen, ›Bürger der sehr noblen und loyalen Stadt Sevilla! Der Zufall hat beliebt, meine schlaflosen Nächte zu krönen; die Nummer 113, die dieses unschuldige Kindlein eben ausgerufen hat, gehört mir; auch ein Zivilgouverneur hat ein Recht darauf, daß ihm die Glücksgöttin zulächle, daß er sein Dasein genieße, daß er im Liebesstreit triumphiere...‹ Die Leute waren ein bißchen durcheinander, aber in diesem Moment, und um eine Störung der öffentlichen Ordnung zu verhindern, hat die Guardia Civil die Eingänge mit einem Kordon abgesperrt.«

Der Konditor Don Fidel Serrano war eine Art Freimaurer und dafür bekannt, daß er Amtsmißbrauch unerträglich fand.

»Also, was mich angeht, was soll ich Ihnen sagen! Das ist ein klarer Fall von Amtsmißbrauch und eines zivilisierten Landes unwürdig. Ich kann das wirklich nicht witzig finden. Was uns fehlt, ist die Französische Revolution!«

Don Samuels Enkel blickte ihn mit unendlicher Verachtung an.

»Caballero: Es ist nicht meine Schuld, daß die Wege der Geschichte derart willkürlich und bisweilen ruchlos verlaufen. Auf die Bitten unseres gemeinsamen Freundes, des Pfarrers Taboada hin, erzähle ich Ihnen die Geschichte meiner Familie. Die Gesamtheit der Geschichten aller Familien Spaniens ist die spanische Geschichte, die Geschichte des Vaterlandes unserer Vorfahren. Absolute Objektivität ist die beste Zierde des Historikers. Wenn Sie es verlangen, dann werde ich

schweigen. Aber was ich weder tun kann noch tun muß noch tun will, ist die Wahrheit verfälschen. Lieber tot denn Fälscher! Veritas filia temporis!«
Pfarrer Taboada – immer diese Lahmarschigkeit! – murmelte: »Amen!«
Der Konditor Don Fidel Serrano, dem Don Evangelinos feierliche Rede einen argen Schrecken eingejagt hatte, stammelte eine schüchterne Entschuldigung. Pfarrer Taboada und Don Bartolomé Fernández Urquidi beschwichtigten beide, und als alle wieder gute Freunde waren, konnte Don Evangelino mit dem stürmischen Verlauf der Geschichte seiner Familie fortfahren. Zunächst bestellte er einen weiteren Wermut.
»Kellner, Wermut.«
»Sofort, Caballero.«

Achter Wermut

EHE ER WEITERMACHTE, lächelte Don Samuels Enkel seinem Antagonisten zu.
»Mein Freund, die Geschichte ist bisweilen bitter, sehr bitter! Nun denn! Für Cicero ist die Geschichte Zeugnis der Zeit, Licht der Wahrheit, Leben der Erinnerung, Beherrscherin des Lebens und Widerschein des Alten.«
Da Don Evangelino diesmal nicht Latein gesprochen hatte, seufzte Pfarrer Taboada nicht »Amen!«, sondern knurrte sehr kehlig und weithin hörbar:
»Heiliger Hodensack, was für ein Mann!«
Don Samuels Enkel hielt den Kellner an.
»Nein, ohne Soda. Um diese Zeit braucht man schon kein Soda mehr.«

Anschließend steckte er mit Eleglans den erloschenen Zigarrenstummel wieder an.
»Hören Sie, warum sagen Sie nicht Eleganz?«
»Weil ich keine Lust habe, und Sie geht es nichts an!«
»Entschuldigung.«
Anschließend steckte er mit einem Streichholz (»Kann ich bitte ein Streichholz haben?« – »Ja, bedienen Sie sich!«) den erloschenen Zigarrenstummel wieder an.
»Als ich Don Segundo kennenlernte, war er schon pensioniert; damals kam er nach Madrid, um ein bißchen auf die Pauke zu hauen. Er hatte immer einen Leibwächter mit dem Spitznamen Rammel dabei und gab sich viel mit Huren und anderen eher der Jugend zustehenden Vergnügungen ab. Rammel war aus Cartagena, ein bulliger häßlicher Kerl, im Melilla-Krieg Sergeant bei den Kampftruppen, stark wie ein Maulesel, streitsüchtig und mit Zigeunerblut; er hatte Schläfenlocken und immer einen schweren Knüppel, wie die Viehhüter. Rammel hat Don Segundo blindlings gehorcht; er nannte ihn immer Herr General und hielt sich für seinen Vertrauten und eingeweiht in alle Geheimnisse. Als Don Segundo in Madrid ankam, ging er ins Gasthaus, hat sich rasiert und ein bißchen gewaschen, ließ sich den Anzug ausbürsten und die Hose bügeln, und dann ist er geschniegelt und gestriegelt losgezogen, mit Rammel drei Schritte links hinter ihm; bei bestimmten besonderen Gelegenheiten wie Gründonnerstag, Fronleichnam oder am Fest des Heiligen Isidor ließ er ihn neben sich gehen. Mittags haben sie immer von Hand zu Hand in einer beliebigen billigen Garküche gegessen: Suppe, Eintopf, eine Orange, Brot und ein Glas Weißwein, sechs Reales. Abends ging Don Segundo fast immer auf Eroberungen aus, und Rammel blieb nichts anderes übrig, als auf der Straße zu stehen, mit den Droschkenkutschern zu reden und zu frösteln. Reiche

und Arme hat es ja immer schon gegeben! So um die sechs Uhr abends hat sich Don Segundo dann in einem der besseren Etablissements – Pidoux, zum Beispiel – eine Konkubine besorgt und sich der Lust und dem Wohlleben ergeben: ein Gläschen bei Maxim's, Abendessen bei Fornos, Flasche Champagner im Lido, und bei Barbieri einen Alkoven mit Seidenbezug, Damastvorhängen und fließend Wasser. Ein russischer Herzog hätte es sich in Madrid nicht besser ergehen lassen können. Natürlich hat Don Segundo nie gezahlt, sondern ohne hinzusehen die Rechnung unterschrieben und mit einer ungnädigen Geste zwei Peseten für die Bedienung hingelegt; die Bürgschaft für seine Unterschrift übernahm dann immer Rammel, der die besten Argumente hatte. Mit der jeweiligen Hure – die waren meistens ein bißchen geblendet angesichts von soviel herrschaftlichem Glanz – hat Don Segundo trotz seines Alters und irgendwie so, als ob ihm nichts dran läge, zwei oder drei Nummern gemacht und war zufrieden. Anschließend hat er ihr einen Kuß auf die Wange gegeben und gesagt: ›Du kriegst noch ein Geschenk von mir, Schätzchen; du warst ein Leckerbissen.‹ Meistens haben die Huren ihm das abgenommen und nicht mal eine Rechnung aufgestellt; Don Segundos Respektabilität war sein bester Verbündeter, so daß er es umsonst und derart dreist treiben konnte. Das Geschenk ist natürlich nie gekommen; ein paar arme Seelen, unerfahren im Kampf gegen richtige Gegner, haben angefangen zu zetern, und dann ließ Don Segundo, ganz Würde und gekränkte Ehrsamkeit, die Guardias rufen, um die Grundlagen des Staats zu schützen, die Ordnung wiederherzustellen und die Aufrührerin festzunehmen; wenn gerade kein Guardia aufzutreiben war, mußte Rammel mit Keulenhieben eingreifen. Don Segundo ist mit neunzig gestorben, an den Folgen der Lungenentzündung, die er sich bei einer der seltenen Gelegenheiten, als es in Murcia regnete, um vier Uhr morgens geholt hat, als er mit der Jacke über dem Arm Tinas Puff in der Calle del Baraundillo verließ. Übrigens ist er gestorben, wie es ihm zukam. Im Kasino hat er eine offene Rechnung von achttausend Pesetas für Cognac, das Glas zu zwei Reales, hinterlassen.«

Don Samuels Enkel verbarg mit Rücksicht auf den Konditor die Bewunderung, die er für den verblichenen Don Segundo empfand. »Scheiße, wirklich ein Spanier, der würdig gewesen wäre, Hernán Cortés und Don Juan de Austria die Hand zu reichen: Es gibt doch noch richtige Männer!«

»Von Rammel hat man nie wieder etwas gehört. Angeblich soll er den Text des Fußballermarschs verfaßt haben, den der bekannte Komponist aus Navalmoral de la Mata vertonte, Don Cecilio Rodríguez, aber das glaube ich nicht, weil Rammel nicht besonders viel Grips hatte. Wer aber den Fußballermarsch wirklich gedichtet haben könnte, das war Don Trinidad, der Mann von meiner Tante Doña Lolita und älteste Sohn von Don Segundo. Es gibt Leute, die das vorbehaltlos behaupten und sogar bei ihren Ahnen darauf schwören, aber ich habe es, um die Wahrheit zu sagen, nicht nachprüfen können. Bildung ist schon so etwas, eine sehr verworrene Wissenschaft, eine undankbare und wirre Disziplin. Nun ja, wozu sind wir schließlich da!«

Don Samuels Enkel senkte die Stimme.

»Um Mysterien zu enthüllen!«

Und der Pfarrer Taboada, mit gleichmütig-thomistischer Gebärde, stimmte zu.

»Das ist in jedem Fall offensichtlich.«

Don Samuels Enkel nahm den Faden wieder auf.

»Also, wie gesagt, ein Sohn von Don Segundo war Don Trinidad, der verstorbene Gemahl, wie Sie ja wissen,

meiner Tante Doña Lolita. Ober, Wermut. Don Segundo hinterließ drei Kinder, drei Männer: Don Trinidad, Don Teclo und Don Tereso, der war der jüngste und immer ein verrücktes Huhn.
Ober, Wermut. Die beiden älteren sind mit ungefähr vierzig an Alkoholismus gestorben. Die Trunksucht hatten sie vom Vater geerbt, aber, wie man sieht, nicht die Widerstandsfähigkeit gegen die Verheerungen, die geistige Getränke anrichten. Den dritten hat man, weil er nicht von selber gestorben ist, gratis umgebracht. Ober, Wermut.«
Der Kellner war so versunken in Träumereien, daß er nichts hörte.
»Der Alkohol zeugt den Rausch, und dieser ist das Ei, in dem der Untergang des Menschen nistet.«
Pfarrer Taboada hätte am liebsten gesagt:
»Was Sie nicht sagen, Sie milchtrinkender Oberarsch!«
Aber Pfarrer Taboada konnte sich glücklicherweise gerade noch bremsen.
»Für Seneca, den ruhmreichen Denker aus dem geheimnisvollen Córdoba, erzeugt die Trunkenheit nicht das Laster, sondern macht es nur offensichtlich. Seneca war allzu weise in seinem Scharfblick! Ober, Wermut.«
Don Samuels Enkel konnte den neuen Wermut offenbar nicht recht überzeugend bestellen, denn der Kellner ließ sich nicht einmal dazu herab, mit einer Wimper zu zucken.
»Don Trinidad und Don Teclo sind, wie ich schon gesagt habe, gestorben, ehe noch die Jahre in ihrem Verlauf ihre Schläfen zu versilbern und in ihren Herzen die bittere Fäulnis zu säen vermochten...«
Don Samuels Enkel stak voller Schwermut (wie ein alter Ochse, den nach Gerechtigkeit dürstet).
»Das Leben ist für zahllose Sterbliche nur ein hartnäkkig verfochtener Irrweg!«

Don Samuels Enkel, offensichtlich durstig, schob die Schwermut beiseite und röhrte:
»Ober, Wermut! Sind Sie taub?«
Und der Kellner, ins Leben heimgekehrt aus seinem Limbus der Nostalgie, bat ohne zu lächeln um Entschuldigung.
»Sofort, Caballero. Entschuldigen Sie, Don Evangelino…, aber seit ein paar Tagen weiß ich nicht, was mit mir los ist.«

Neunter und letzter Wermut

KOMMEN SIE SCHON, Mann; war aber auch Zeit! Über Don Teclo und Don Tereso weiß ich nicht viel; da sie nicht direkt Verwandte von mir sind, habe ich mich nicht so sehr bemüht, in ihrem Leben herumzuwühlen. Don Teclo ist gestorben in der Ambulanzstation im Callejón de la Ternera, mit mehreren Litern Wein im Leib. Don Tereso wurde in Ciudad Real garottiert, aber aus der Sache ist niemand je richtig schlau geworden. Der Mann meiner Tante Doña Lolita, also Don Trinidad, hat immer Moiréwesten getragen und sich Dauerwellen machen lassen. Don Trinidad litt an Blähungen; bei seinen Freunden hieß er Montgolfier, wegen der Heißluft. Don Trinidad war sehr begabt, hat Aquarelle gemalt, Mandoline gespielt und Gitarre; auf der Visitenkarte nannte er sich Diplomingenieur, in Großbuchstaben. Don Trinidad sah sehr gut aus und hatte einen dichten blonden Bart, der bei den Damen wahre Verheerungen anrichtete. Beim Reden hat er den Mund immer ein bißchen nach rechts verzogen, das gab seinem Gesicht eine gewisse Anmut. Als Dichter war er ganz gut; er hat die Prüfungsthemen für die Aufnahme in

den Zolldienst in Verse gebracht. Don Trinidad hatte einen Kumpel namens Marcial, das war ein rücksichtsloser Taugenichts ohne Prinzipien, ein Schmarotzer, Pumpgenie und lasterhaft. Wenn Don Trinidad und sein Kamerad Marcial einen gehoben hatten, sind sie anschließend stundenlang mit der Straßenbahn kreuz und quer durch die Stadt gefahren. Madrid ist ziemlich groß, und solche Stadtrundfahrten mit der Straßenbahn, und dabei Frauen und den Verkehr beobachten, das ist ganz amüsant. Don Trinidad und Marcial sind nur hin und wieder ausgestiegen, um zu pissen oder ein Gläschen zu trinken. Wenn die Straßenbahn den Dienst einstellte, verzogen sich Don Trinidad und Marcial in irgendeine Churrería [Ölkringel-Bäckerei, meist mit (Kaffee-)Ausschank], da war damals immer Nachtbetrieb, die haben nie die Türen geschlossen. Die Wein-und-Tram-Orgien von Don Trinidad und seinem Freund Marcial dauerten immer fünf oder sechs Tage. Am Ende waren sie genauso frisch und munter wie am Anfang. Sie haben sich zweimal am Tag rasiert, morgens und abends die Schuhe geputzt, und wenn sie sich das Hemd vollgekotzt hatten, haben sie ein neues gekauft und sich irgendwo in einem Hauseingang umgezogen. Ihre Bedürfnisse haben sie immer in Aufzügen erledigt, in einer Ecke, und zwar sehr sauber.«
Don Samuels Enkel fragte, wie spät es sei.
»Halb drei.«
»Schon ziemlich spät. Also, gehen wir in den Puff?«
Pfarrer Taboada, Don Bartolomé Fernández Urquidi, der Witwer von Paquita Esmeralda, und Don Fidel Serrano, der mit den Bonbons und Windbeuteln, suchten nach einer Ausrede, und der Enkel von Don Samuel Faquitrós, dem Helden des Aufstands in der Balneario-Kaserne von Alboloduy, ging allein in den Puff, um weiterzureden.

DIE UNGEWÖHNLICHE UND RUHMREICHE HELDENTAT DER RUTE VON ARCHIDONA

CHRONIK DER EXEMPLARISCHEN BEGEBENHEIT, welche bekannt ist als »Die ungewöhnliche und ruhmreiche Heldentat der Rute von Archidona«, welchletztere, liebkost von einer zarten Hand, zur Unzeit in der Öffentlichkeit um sich schoß und Verheerungen unter der Zivilbevölkerung anrichtete. Sie ist die Frucht einer glücklichen Verbindung von Zufall, Geilheit und den ewigen Werten der hispanischen Rasse. Über sie berichten in ihren Briefen, haarklein, ohne zu lügen noch die Wahrheit zu verbergen und für die Richtigkeit all dessen bürgend, was in ihnen gesagt wird, *Don Camilo José Cela*, Ordentliches Mitglied der Königlichen Spanischen Akademie, und *Don Alfonso Canales*, Korrespondierendes Mitglied der nämlichen gelehrten Vereinigung, welche sie veröffentlichen zur Ergötzung der Kenner und Wißbegierigen, zur Warnung der Lustmolche und zur Belehrung für jede und jeden.

(OHNE DATUM).
KARTE VON DR. RAFAEL LEON,
STELLVERTRETENDER BÜRGERMEISTER UND
KULTURBEAUFTRAGTER DES
GEMEINDERATS VON MALAGA, AN C.J.C.

Bitte doch Alfonso Canales, er möge Dir die Geschichte erzählen, die im Kino von Archidona passiert ist.

1. FEBRUAR 1972.
BRIEF VON C.J.C. AN ALFONSO CANALES

Lieber Alfonso,
Warum erzählst Du mir nicht die Geschichte, die im Kino von Archidona passiert ist? Mich erreichen hier wirre, unverständliche Gerüchte.
Es umarmt Dich

3. FEBRUAR 1972.
BRIEF VON ALFONSO CANALES AN C.J.C.

Lieber Camilo José,
Mit großem Vergnügen werde ich Dir den Vorfall berichten, auf den Du Dich in Deinem Brief beziehst.
Die Sache hat sich in Archidona zugetragen, einem Ort ganz in der Nähe der berühmten Klippe der Verliebten. Ein Pärchen – es ist nicht bekannt, ob sie offiziell verlobt waren – traf sich im Kino und schaute sich gemeinsam einen Musikfilm an. Die Musik oder die Bilder müssen irgendwie erregend gewirkt haben, machten sie ihr doch, wie sie später erklärte – ohne zu wissen, wie ihr geschah – Lust, seinen empfindsamsten Körperteil zu ergreifen. Der Bursche muß wohl einverstanden gewesen sein, denn er wehrte sich nicht gegen die leidenschaftlichen Wünsche seiner Nachbarin. Er ließ sie vergnügt walten, ohne die Folgen zu bedenken, die sein sorgloses Verhalten unweigerlich haben würde.
Wie es scheint, war der Manipulierte, ein überaus kräftiger Kerl, so jungfräulich wie López Rodó [Minister der rechtskatholischen Opus Dei unter Franco; A.d.Ü.] oder hatte zumindest lange Zeit seine Triebe unter Verschluß gehalten. Die Sache ist nämlich die, daß im entscheidenden Augenblick der Behandlung aus jenem Rohr eine solche Menge seiner Männlichkeit mit

einer solchen Gewalt hervorbrach, daß man eher hätte meinen können, es mit einer Champagnerflasche zu tun zu haben, wenn nicht mit einem isländischen Geysir.
Die Zuschauer der nächsten, ja sogar übernächsten Reihe hinter ihnen sahen sich durch einen jupiterhaften Regen überrascht, der nicht gerade aus Gold war. Dieses Manna fiel in rhythmischen Strömen herab, ohne daß es so aussah, als wollte es je wieder aufhören zu regnen. Jemand ließ einen Zornesschrei los, als er das Produkt identifizierte, und überhäufte den, der es in solch industriemäßigen Mengen produzierte, mit einem Schwall unflätiger Epitheta.
Das Licht ging an. Der Bursche dachte bei sich, daß die Erde, was das Verschlucken von Menschen betrifft, mit einem tadelnswerten Mangel an Taktgefühl zu Werke geht. Zwiefach verlegen, versuchte er vergeblich, die erbarmungslose Bewässerungsanlage in ihren Unterschlupf zurückzubefördern. Seine Mitarbeiterin machte ein Gesicht wie die heilige Therese von Lisieux, wenn auch mit etwas mehr Röte auf den Wangen. Beide wurden festgenommen und dem Richter vorgeführt, was zur Folge hatte, daß das entsprechende Ermittlungsverfahren wegen Erregung öffentlichen Ärgernisses eingeleitet wurde, in Ermangelung einer anderweitigen, spezifischeren Verbrechenstypisierung.
Der Richter bot den Befleckten an, als Kläger aufzutreten. Diese wurden amtlich benachrichtigt und präsentierten dazu noch Belege für die erlittenen Schäden und Verluste. Ein angesehener Industrieller fügte zu den Prozeßakten die Rechnung des Schneiders, der seinen – nunmehr unbrauchbaren – Anzug gefertigt hatte. Und eine Dame aus der Crème der Archidonenser Gesellschaft legte die Rechnung des Frisiersalons vor, in dem sie, am folgenden Tag, sich hatte die Haare waschen lassen müssen (der Herr Staatsanwalt vermag sich nicht zu

erklären, wie sie die Nacht ohne eine häusliche Notwäsche verbringen konnte).
Als erstes haben die Akteure des außergewöhnlichen Vorfalls, da die Regeln der Moral es nun einmal so vorschreiben, eine anständige Ehe geschlossen. Welch ein Irrtum! Man stelle sich einmal vor, was für einen Erfolg sie überall auf der Welt hätten haben können, der präpotente Besitzer des Schlauches ebenso wie seine tatkräftige Partnerin.
Die Sache befindet sich jetzt im Stadium der Anklageerhebung. Wenn das Urteil gesprochen wird, werde ich Dir eine Kopie davon verschaffen. Es wird ein Dokument sein, das Zeugnis ablegen wird von den – nicht nur geistigen – Reserven unseres starken Geschlechts.

Es umarmt Dich

7. FEBRUAR 1972.
BRIEF VON C. J. C. AN ALFONSO CANALES

Lieber Alfonso,

Gelobt sei der allmächtige Gott, der uns erlaubt, als Zeitgenossen solch präkonziliarer Ruten und ihrer Überschwemmungen, ja herabstürzenden Fluten zu leben! Amen. Es lebe Spanien! Welche Größe haben doch die Länder, in denen den Schwänzen wegen Schadensverursachung der Prozeß gemacht wird! Das Ereignis könnte sehr gut zur Entstehung einer bislang noch nicht existierenden adverbialen Wendung führen – »wie die Rute von Archidona« –, welche sowohl für optimale Qualität als auch für ungeheure Quantität stünde. Ich bitte Dich, dem Provinzialrat von Málaga meinen Vorschlag zu unterbreiten, nämlich dem Besitzer des Werkzeugs – Ruhm und Ehre des Vaterlandes und Vorbild aller Patrioten – eine Huldigung auf nationaler Ebene zuteil werden zu lassen. Man könnte ihm

zu Ehren einen granitenen Monolithen errichten, mit einem Leuchtfeuer an der Spitze der Eichel – das Phallusfeuer von Archidona –, sichtbar bis hin zu den Küsten Afrikas. Man könnte Postkarten herausgeben und Schwänzchen zum Anstecken herstellen; die Betrachtung solch glorreicher Präpotenz könnte in das Programm der Sommerkurse für Ausländer aufgenommen werden.
Seid Ihr Malaguener Euch eigentlich des didaktischen Wertes bewußt, der damit verbunden wäre? Zu welch unvermuteten Grenzpfaden des Fortschritts haben uns doch der 3. Entwicklungsplan und die kluge Politik unserer verdienstvollen Technokraten geführt! Gott erhalte sie uns zur besten Lehre aller! Unser gemeinsamer Freund Lupercio Leonardo de Argensola und ich haben, zu Ehren des historischen Pimmels, das Gedicht verfaßt, das ich Dir hier wiedergebe:

Sonett

Erlaucht der Pimmel, wenn ein dichter Schleier
gibt seiner stolzen Stirne Unterkunft;
wohnt doch in ihr der Himmel, und Vernunft
bewohnt, das solln wir glauben, seine Eier.

In dir nun bleckt sein Maul der Racheschreier,
der große Löwe, übermannt von Brunft;
bereit zum Flug, der alles übertrumpft,
tritt dir der Tropfen aus dem Samenspeier.

Zu Archidonas Ruhm die Kunde gellt,
du hättst sein Volk durchtränkt aus deinen Klöten
mit deinem qualvoll überquellnden Schwanz.

Zu deinen Ehren heut erzählt die Welt,
daß, so nicht Beulen, Krebs und Unfall töten,
kein Schwanz sich mißt mit deines Schwanzes Glanz.

Es umarmt Dich Dein alter und tiefbewegter Freund

9. FEBRUAR 1972.
BRIEF VON ALFONSO CANALES AN C.J.C.

Lieber Camilo José,
Briefen wie dem Deinen vom 7. Februar wird es dereinst, wenn wir friedlich unter der Erde liegen, zu danken sein, daß sich meine Korrepondenz ebenso teuer verkaufen wird wie heute der Briefwechsel zwischen Valera und meinem Großonkel Serafín Estébanez. Gewinner werden die Banken sein und nicht unsere Nachkommenschaft, um die sich im übrigen schon die Sozialversicherungsanstalt kümmern wird.
Mit großer Begeisterung erfüllen mich Deine klugen Vorschläge in bezug auf den grandiosen Schwanz von Archidona, der, »sanft gewichst«, so viel von sich zu geben wußte. Ich glaube sogar, daß man sie noch um einige sehr nützliche Anregungen erweitern könnte, für den Fall, daß der Provinzialrat die Absicht hat, die verschütteten Attraktionen der abgelegensten provinziellen Enklaven an der Küste »zu fördern«. So sollten die Reisebüros Ausflüge zum Ort des Geschehens organisieren, wo – wie dies immer spontan geschieht – Geschäfte mit Artikeln des lokalen Handwerks entstünden, in denen man, aus unterschiedlichem Material gefertigt, wahrheitsgetreue Reproduktionen des beteiligten Phallus oder der Hand erstehen könnte, die seine Explosion bewirkte. Und die Allerschlauesten würden, wenn sie sich mit den Großhändlern einigen können, Reliquien vertreiben – zum Umhängen, für den Tisch, für die Wand –, mit kleinen Stückchen des befleckten Anzugs des Herrn der hinteren Reihe oder mit gestärkten Haarbüschelchen der Dame, die sich, vierundzwanzig Stunden nach der rechtsstrittigen Bewässerung, mit Eishampoo säubern mußte. Später würden dann Fälschungen verkauft und sogar Schwänze aus deutschem Gold, mit einem Thermometer entlang der Eichel und

einem Kompaß über der Milchbar der Eier. Wenn in der Stadt Archidona nicht der Wohlstand ausbricht, dann deshalb, weil man ihn nicht auf einem Silbertablett verewigt hat. Hinterher beklage man sich dann nicht. Ich denke sogar, daß wir einen Antrag an den glücklichen Gemeinderat stellen sollten, damit man später nicht sagen kann, die Intellektuellen würden sich nicht zu Wort melden, wenn sie Wege erkennen, auf denen die sich ständig entvölkernden bäuerlichen Gegenden zu Wohlstand gelangen können.
Pepe Luis Estrada weigert sich, das argensocelische Sonett in *Caracola* zu veröffentlichen. Er hat immer noch Angst vor dem Gespenst von Arias Salgado [Zensurminister unter Franco; A.d.Ü.]. Nun hält Archidona jedoch jedes Jahr einen Dichterwettbewerb ab, bei dem die Habitués des Genres seine stillen Reize besingen. Siegerpreis ist ein Briefbeschwerer, der den achteckigen Platz von Archidona darstellt. Wir könnten vorschlagen, daß der Preis von nun an in einem aus edlem Material gefertigten Tröster bestehen soll. Wenn Du nicht der Sprecher der Jury sein willst, dann könntest Du mit Deinem bewegenden Gedicht diese exquisite Belohnung erringen und später dann den Lorbeer verlosen, mit der Sicherheit, daß die Hälfte der spanischen Dichter – womöglich untertreibe ich noch – ein Los erwerben würde.

Es umarmt Dich herzlich Dein guter Freund

3. MÄRZ 1972.
DAS GERICHT VON MÁLAGA
VERKÜNDET FOLGENDES URTEIL:

In der Stadt Málaga, am dritten März neunzehnhundertzweiundsiebzig.
Die Hauptverhandlung des durch das Amtsgericht in

Archidona eingeleiteten Verfahrens der 3. Kammer des Gerichts von Málaga in der Strafsache des A.A.M., Sohn von E. und von R., 24 Jahre alt, gebürtig aus Loja (Granada), wohnhaft in Archidona, von Personenstand ledig, von Beruf Landarbeiter, von gutem Lebenswandel, mit Schulbildung, nicht vorbestraft, für zahlungsunfähig erklärt, vorläufig aus der Haft entlassen, und der P.B.A., Tochter von C. und von D., 18 Jahre alt, gebürtig aus und wohnhaft in Archidona, von Personenstand ledig, von Beruf Hausfrau, von gutem Lebenswandel, mit Schulbildung, nicht vorbestraft, zahlungsunfähig, vorläufig aus der Haft entlassen, vertreten durch den Prozeßbevollmächtigten Manuel Gómez Jiménez de la Plata, wegen Erregung öffentlichen Ärgernisses, gegen den Vertreter der Staatsanwaltschaft, unter dem Vorsitz von Richter Manuel Rodríguez, unter Ausschluß der Öffentlichkeit, hat zu folgenden Feststellungen geführt:

1. daß am 31. Oktober 1971 im Kinosaal von Archidona in der Stadt Archidona während einer Flamenco-Vorführung die Angeklagte P.B.A. ihren Verlobten, den Angeklagten A.A.M., masturbierte, indem sie sein männliches Glied aus der Hose nahm, was zur Folge hatte, daß die ebenfalls als Zuschauer anwesenden R.B.V. und dessen Ehefrau, M.L.C.R. mit Samen befleckt wurden, wodurch Beschädigungen an ihrer Kleidung entstanden, die durch Sachverständigengutachten auf 3.500 ptas. beziehungsweise 1.600 ptas. beziffert wurden; und daß nach Verständigung der Städtischen Polizei die Angeklagten von der Öffentlichkeit entfernt wurden, mit der daraus sich ergebenden Tatsache öffentlichen Bekanntwerdens;

2. daß der Staatsanwalt durch die Sachverhaltsermittlungen eindeutig den Tatbestand der Erregung öffentlichen Ärgernisses, wie er in Artikel 431, Absatz 1

Strafgesetzbuch niedergelegt und unter Strafe gestellt ist, als erfüllt betrachtet, daß er als Täter die Angeklagten benennt und keine schuldmindernden Umstände im Gesetz erkennt, und daher beantragt, sie zu einer Freiheitsstrafe von drei Monaten und einer Geldstrafe in Höhe von 15.000 Pesetas zu verurteilen, ihnen für die Dauer von neun Jahren die Ausübung bestimmter beruflicher Tätigkeiten zu untersagen, sowie die Nebenkosten und Prozeßgebühren zu tragen und gesamtschuldnerisch den Schaden von R. B. in Höhe von 3.500 ptas. und von M. L. C. in Höhe von 1.600 ptas. zu ersetzen;

3. daß die Verteidigung der besagten Angeklagten in ihren Schlußanträgen äußert, daß sie nicht übereinstimme mit dem Schlußvortrag des Staatsanwalts, da sie der Ansicht ist, daß ihre Mandanten die ihnen zur Last gelegte Straftat der Erregung öffentlichen Ärgernisses nicht begangen haben.

1. In Erwägung, daß die Tatsachen, die vom Gericht als erwiesen erklärt werden, den Tatbestand der Erregung öffentlichen Ärgernisses erfüllen, wie in Absatz 1, Artikel 431 Strafgesetzbuch niedergelegt und unter Strafe gestellt, ferner die besagte Straftat sich aus zwei Teilen zusammensetzt, nämlich der Begehung einer moralisch tadelnswerten Handlung und ihrer Durchführung in der Öffentlichkeit, dergestalt, daß sie von anderen Personen gesehen werden kann, weil Schutzgut dieses Artikels das öffentliche Schamgefühl ist, das in dieser Kategorie von Straftatbeständen zu verteidigen ist und es offensichtlich ist, daß die Entblößung des männlichen Gliedes und die Tatsache, sich von seiner Begleiterin in einem Kinosaal während einer Vorstellung, bei der auch andere Personen anwesend sind, masturbieren zu lassen, eine Verletzung des öffentlichen Schamgefühls und der guten Sitten darstellt, welche Tatsache öffent-

liche Bekanntheit erlangte durch das zwangsläufige Eingreifen der Polizei, mit dem Ziel, den beschämenden Anblick zu verhindern, abgesehen davon, daß die Besonderheit der Straftat nicht durch das mehr oder minder große Bekanntwerden der gegen das öffentliche Schamgefühl und die guten Sitten verstoßenden Handlungen begründet ist, sondern durch die anstößige Natur oder die große Verwirrung, die sie im Bewußtsein derer bewirken, zu deren Kenntnis sie gelangen, so geringfügig ihre Zahl auch sein mag;
2. in Erwägung, daß für die genannte Straftat strafrechtlich, als Täter, die Angeklagten P.B.A. und A.A.M. verantwortlich sind, da sie unmittelbaren und freiwilligen Anteil an ihrer Durchführung hatten;
3. in Erwägung, daß bei der Begehung besagter Straftat keine schuldmindernden Umstände zu erkennen sind;
4. in Erwägung, daß jede Person, die für eine Straftat strafrechtlich verantwortlich ist, dies auch zivilrechtlich ist und zur Zahlung der Prozeßkosten verurteilt werden muß; aufgrund der genannten Artikel des Strafgesetzbuches sowie der Artikel 141, 142, 239, 240 und 742 des Prozeßrechts
Hat das Gericht für Recht erkannt: Die Angeklagten P.B.A. und A.A.M. werden als Täter einer bereits festgestellten Straftat der Erregung öffentlichen Ärgernisses jeweils zu einer Freiheitsstrafe von zwei Monaten, zu einer Geldstrafe in Höhe von 10.000 ptas. [damals etwa 300 DM; A.d.Ü.] und sechs Jahren und einem Tag Verbot jeglicher beruflicher Tätigkeit mit Jugendlichen und der Ausübung einer Vormundschaft verurteilt, ferner zum Verbot der Ausübung jedes öffentlichen Amtes und Berufes sowie der Ausübung des Stimmrechts für die Dauer der jeweiligen Freiheitsstrafe, unter Androhung des persönlichen Zwangsmittels von 30 Tagen Arrest für den Fall, daß sie die genannten Geldstrafen

nicht am Ort dieses Gerichts leisten, sowie zur gesamtschuldnerischen Entschädigung der Geschädigten, R. B. in Höhe von dreitausendfünfhundert und M. L. C. in Höhe von eintausendsechshundert Pesetas und zur Zahlung der Prozeßkosten jeweils zur Hälfte, wobei ihnen zur Erfüllung der genannten Geldstrafe der gesamte Zeitraum des Freiheitsentzuges in dieser Rechtssache zur Verfügung steht.
Der richterliche Beschluß der Zahlungsunfähigkeit wird in seinen Begründungen und mit den darin aufgeführten Vorbehalten bestätigt. Hiermit verkündet, angeordnet und unterzeichnet.

José R. Ortega. M. Rodríguez. Francisco Román.

Die Unterzeichneten. – Veröffentlichung. – Verlesen und veröffentlicht wurde vorstehendes Urteil durch den vorsitzenden Richter in öffentlicher Sitzung am Tage seiner Ausfertigung. Beurkundet. A. P. Ll. Unterzeichnet.

21. MÄRZ 1972.
BRIEF VON ALFONSO CANALES AN C. J. C.

Lieber Camilo José,

Bis jetzt war mir das Urteil, das der Gerichtshof von Málaga über die Liebenden von Archidona gefällt hat, noch nicht bekannt, und das vermag einige Irrtümer zu erklären: Der Vorfall ereignete sich nicht während einer Filmvorstellung, sondern während einer Flamenco-Vorführung (das verleiht der Sache mehr Lokalkolorit und auch mehr Schwung). Der glückliche Besitzer des Instruments wurde nicht in Archidona geboren, sondern in Loja (was einen Disput zwischen Málaga und Granada heraufbeschwören wird, welchselbige Provinzen schon manch andere Eifersüchtelei miteinander austragen). Die Geschädigte wird nicht für ihre Haarwäsche entschädigt, sondern für die Befleckung der Kleidung... Hätte sich das Ganze im 16. oder im 17. Jahrhundert ereignet, wäre die Strafe nicht so milde ausgefallen. Ich empfehle Dir die Lektüre des Buches von Pedro Herrera Puga, *Sociedad y delincuencia en el Siglo de Oro* [Gesellschaft und Verbrechen im Goldenen Zeitalter], Universidad de Granada, 1971.

19. APRIL 1972.
BRIEF VON DR. P. A.,
STELLVERTRETENDER PROFESSOR
FÜR MEDIZINISCHE PATHOLOGIE, AN C. J. C.

Sehr geehrter Herr,

Mit großer Freude – als Mann und als Spanier, wenn nicht sogar als Katholik – habe ich Kenntnis erlangt von der Episode, die im Lande bereits als »die Geschichte von Archidona« oder, etwas freier, als »die Wichserei von Archidona« bekannt ist.

Die Sache ist nach meinem Dafürhalten von Wichtigkeit und verdient unsere Aufmerksamkeit. Gewiß ist wohl, daß sie in literarischer Form als eine Heldentat der Rasse verherrlicht werden muß, als ein Ereignis, das jene verschlafenen Gemüter wachrüttelt, die da meinen, die Kichererbse und das Wichsen hätten unsere Rasse im Lauf der Jahrhunderte hinfällig werden lassen. Nicht weniger gewiß ist jedoch, daß die Angelegenheit eine wissenschaftliche Fragestellung erfordert. Dies ist auch der Grund meines Schreibens und der Belästigung, die es für Sie mit sich bringt: »Die Geschichte von Archidona« oder, etwas freier, »die Wichserei von Archidona« bedarf einer wissenschaftlichen Untersuchung.

In einer Reihe von Arbeiten, die von einer streng wissenschaftlichen Mannschaft unter Beratung durch verschiedene skandinavische Mitarbeiterinnen und Expertinnen auf internationaler Ebene durchgeführt wurden, sind wir zu dem Schluß gekommen, daß die Kraft der Penis- und vesikal-exkretorischen Muskulatur des spanischen Mannes die der übrigen Männer weit übertrifft und sich der des Stieres nähert. Und dazu, so haben wir im Gegensatz zu anderen Autoritäten auf diesem Gebiet betont, hat in sehr großem Umfang das autonome (seltener das heteronome) Wichsen beigetragen, das in Spanien seit unvordenklichen Zeiten mit erstaunlicher Hartnäckigkeit praktiziert wird.

Der Zufall – und gewiß auch Sankt Kosmas und Damian, die Schutzheiligen der Physiologie – haben es gewollt, daß sich in einem hübschen spanischen Dorf eben jener Fall ereignet hat, der nötig ist, um unsere Hypothese zu beweisen.

Wir bilden eine kleine Gruppe von Ärzten, Wissenschaftlern und Forschern, der sich auch ein Physiker angeschlossen hat, ein Experte für die Poiseuilleschen und Venturischen Gesetze und die Reynoldssche Zahl. Seine Mitarbeit zugesagt hat ebenfalls der städtische Beamte, dem Einsatz und Wartung der Wasserschläuche obliegen. Die Gruppe kann effizient sein.

Um mit der Untersuchung beginnen zu können, benötigen wir die folgenden Angaben, die gewiß in Ihren Händen sind (im übertragenen Sinne) und die ich Sie uns zu überlassen bitte.

a) Phallometrische Abmessungen der fraglichen männlichen Person.

b) Von dem Produkt erreichte Höhe und, falls möglich, graphische Darstellung der Flugbahn.

c) Bislang gewöhnlich erreichte autonome Streuweite (d.h. ejakulatorische Reichweite bei Selbstbedienung). Wenn möglich unter Angabe von Rhythmus und Frequenz sowie der Tatsache, ob die fragliche männliche

Person, in dem uns hier interessierenden Belang, rechtshändig, linkshändig oder ambidexter ist.
d) Anzahl der Auf- und Abbewegungen, welche die Antriebskraft benötigte, um das glückliche Ergebnis zu erzielen.
e) Schließlich wäre es interessant, wenn auch nicht unerläßlich, zu wissen, ob die männliche Person in dem Augenblick, da sie das glückliche Ergebnis hervorbrachte, irgendein Freudengeschrei ausstieß oder ob sich alles mit dem gewöhnlichen schweratmigen Stöhnen abspielte. Bitte geben Sie auch an, ob es in dem Augenblick zu Geifer aus dem Mund und zu vorübergehendem Schielen kam.
Mit diesen Angaben werden wir, so glaube ich, arbeiten können. Gebe Gott – und auch Sankt Kosmas und Damian –, daß wir gute Ergebnisse erzielen! Sollte dies der Fall sein, wird es uns gelingen, den guten Ruf der übel zugerichteten Physiologie des spanischen Mannes zum Teil wiederherzustellen, mitsamt den unzweifelhaften und wohltätigen Folgen, die dies für den Tourismus und, womöglich, für den Gemeinsamen Markt haben würde.
Und für uns wäre es eine große wissenschaftliche Genugtuung, den ersten Fall eines Syndroms beschrieben zu haben, das in der internationalen medizinischen Literatur in kurzer Zeit als »orgasmus hypertonicus archidonensis« bekannt sein könnte.
In der Hoffnung auf Ihre wertvolle Mitarbeit verbleibe ich

hochachtungsvoll

29. APRIL 1972.
BRIEF VON C.J.C. AN DR. P.A.,
STELLVERTRETENDER PROFESSOR
FÜR MEDIZINISCHE PATHOLOGIE

Sehr verehrter Herr und Freund,

Ich bin Ihnen – als Spanier und als Patriot – zu großem Dank verpflichtet über Ihre vortreffliche Diagnose in bezug auf die Muskulatur des spanischen Pimmels, dem Stolz des Landes und Vorbild aller Fremden. Wie könnte ich der Wissenschaft je meine Mitarbeit versagen! Hier also die Angaben, um die Sie mich bitten.

a) Von zylindrischer Form – beziehungsweise leicht kegelstumpfförmig – weist die Rute von Archidona, in ihrer ganzen Pracht und von der Vorhaut entblößt, folgende Maße auf: Durchmesser der Grundfläche 8,5 cm; Länge 42 cm; Durchmesser der Spitze 7,6 cm. Die gnädigen Götter mögen ihn segnen!

b) Der Archidonenser Bursche machte einen Fallrückzieher, d. h. er ergoß sich nach hinten und über den Kopf hinweg, so wie Zarra [bekannter spanischer Fußballspieler; A.d.Ü.] schoß, und sein Lebenskleister beschrieb bei dem uns hier interessierenden Ereignis eine parabolische Flugbahn mit einer Reichweite von 2,40 m. Wie man sieht, handelt es sich um ein ballistisches Problem, so daß es meiner Meinung nach vielleicht angebracht wäre, einen Artilleriespezialisten heranzuziehen.

c) Er pflegt es sich drei mal am Tag selbst zu besorgen – beim Aufstehen, als Nachtisch nach dem Mittagessen und beim Schlafengehen, der schönen Träume wegen –, außer bei Zuhandensein eines geneigten Mädchens, das er, natürlich, nicht verachtet. Sein Rhythmus ist schnell und kurz und geht gewöhnlich nicht über die ersten Takte des Pasodoble *El gato montés* hinaus. Er knetet ihn sich mit der Rechten, weil sein Alter und seine Präpotenz kein Wechseln der Hand erfordern.

d) Der erbarmungslose Katarakt ergoß sich beim fünften tiefen Auf und Ab, nach nicht mehr als zwei tastenden Versuchen.
e) Er brüllte: ›Es lebe Spanien!‹ und los ging's. Armer Kerl! Nach Informationen der Guardia Civil weder Geifer noch Schielen.
Mit dem Wunsch, Ihnen mit der Angabe dieser Daten einen Gefallen erwiesen zu haben und daß diese zum besten Nutzen Ihrer wissenschaftlichen Arbeit gereichen mögen,

verbleibe ich Ihr sehr ergebener

AVILA, DEN 6. JUNI 1976.
HERRN CAMILO JOSÉ CELA
KÖNIGLICHE SPANISCHE AKADEMIE
MADRID

Sehr geehrter Herr,

Ich erwerbe wöchentlich die Lieferungen Ihres sowohl informativen als auch unterhaltsamen Werkes *Encyclopedia del Erotismo*, in deren achter Nummer sich auf Seite 152, »im Aufriß und aufgerichtet«, eine geometrische Beschreibung des ungewöhnlichen Formats des verurteilten Schweifs von Archidona befindet.
Sie geben an, daß dieses einzigartige Stück, erigiert und von der Vorhaut entblößt, eine Länge von 42 cm bei einem Durchmesser der Grundfläche von 84 mm und der Spitze von 76 mm erreicht. Gestatten Sie mir, meine Zweifel bezüglich der Genauigkeit dieser Angaben anzumelden, denn selbst bei dem Maßstab 2:1 könnte es mehr als einer lebhaften und anspruchsvollen Dame zur Wonne gereichen (Schaubild 1, Faltblatt in »Graphische Darstellungen«).
Ich vermute, daß Sie, was die von Ihnen angegebene Länge betrifft, die Zahlen »verdreht« haben und wahrscheinlich 24 cm oder vielleicht 22 cm haben sagen wol-

len. Was durchaus nicht übel ist, ja man könnte sogar behaupten, daß solch ein beneidenswertes Instrument immer noch über das gewöhnliche Maß hinausgeht. Vor Jahren rechnete ich mir die Freundschaft eines redlichen Mannes zur Ehre an, der 23 cm erreichte und dessen extravertierte Ehefrau mir einmal anläßlich einer Hochzeitsfeier anvertraute – sie hatte wohl ein Glas Champagner zuviel getrunken –, daß sie, wenn sie mit »ihrem Funktionär« den Beischlaf ausübte, das Gefühl hatte, man kitzle sie am Rücken.
Sie scheinen ebenfalls den Begriff des Durchmessers verwechselt zu haben. Ein Durchmesser (∅) von 24 mm entspricht einem Umfang von 76 mm und der ∅ von 27 mm dem Umfang von 85 mm. Auch so noch ist die Schlankheit des Stückes mit $240:[(24+27)/2] = 9{,}2$ sehr weit entfernt von der vernünftigeren von 5,2, wie sie in Reichweite jedes Christenmenschen liegt. Wenn Sie mir gestatten, so möchte ich versichern, daß, nimmt man als richtig die Länge von 24 cm an, die edlen Proportionen des fraglichen Schwanzes sich in seinem natürlichen Format denen annähern könnten, die Sie im Schaubild 3 beschreiben. Das Schaubild Nr. 2 bezieht sich auf den genannten Schlankheitsgrad 9,2.
Bitte fassen Sie diesen Kommentar nicht als Kritik an einem so lehrreichen Werk auf, sondern als Hinweis, den Sie in das Druckfehlerverzeichnis aufnehmen könnten.
Zum Schluß möchte ich Ihnen noch, um der Anekdote willen, berichten, daß jener wohlausgerüstete Herr, von dem ich zuvor gesprochen habe – und der im übrigen ein großer Freund der horizontalen Genüsse war – niemals und unter gar keinen Umständen den Verkehr mit einer Dirne ausüben konnte (in deren Milieu er ebenso bewundert wie gefürchtet wurde), es sei denn, er rollte sich ein Handtuch unten um den Penis, um den

Hub zu verkleinern, dessen unabdingbare Auslegung ihn zu dem Kommentar veranlaßte: Das ist wie das Stutzen der Hörner beim Stierkampf – so etwas wie Fernvögeln.

Ich grüße Sie hochachtungsvoll

Nachbemerkung

CAMILO JOSÉ CELA, 1916 im galicischen Padrón geboren, Literaturnobelpreisträger 1989, ist Zeit seines Lebens ein unbequemer Schriftsteller geblieben, der es auch seinen Bewunderern nicht immer leicht gemacht hat. Denn wie paßte das zusammen: Ein Schriftsteller, der aus den Reihen der Sieger des Spanischen Bürgerkriegs stammt, der sich für kurze Zeit sogar als Zensor des Regimes versuchte, der seine politische Parteinahme im Bürgerkrieg nie verleugnete, aber auch ein Schriftsteller, der schon kurz nach dem Krieg ein Buch geschrieben hat – *Die Familie des Pascual Duarte* – das nicht nur das neben Cervantes »Don Quijote« populärste Buch der spanischen Literatur geworden ist –, und der seit diesem 1942 erschienenen Roman bis zum Ende des Regimes 1975 zu einem bevorzugten Ziel der franquistischen Zensur wurde, die seine Romane verstümmelte, verbot und dennoch nicht zu verhindern vermochte, daß Cela noch vor dem Auftreten von Miguel Delibes oder Carmen Laforet zur ersten Vaterfigur der modernen spanischen Literatur in der zweiten Hälfte dieses Jahrhunderts wurde.

Für die neorealistischen Anfänge der spanischen Literatur nach 1939 ist *Pascual Duarte* zwar ein wichtiges Referenzwerk geblieben, aber ein neorealistischer Schriftsteller wurde Cela nie. Schon der Roman *La Colmena* – nach *Pascual Duarte* sein außerhalb Spaniens bekanntestes Werk, das in Spanien nicht erscheinen durfte und in Buenos Aires herauskam – überrascht 1951 mit einer collageartigen Behandlung seiner Figuren, die es eigentlich, wie in allen folgenden Büchern, kaum möglich

macht, von einem »Helden« oder einer »Hauptperson« zu sprechen, es sei denn von einer, wie Cela selbst gesagt hat, »kollektiven Hauptfigur«: Spanien und die Menschen, die in unendlichen Facettierungen seine Sprache sprechen. Cela hat in den späten vierziger und frühen fünfziger Jahren das Land bereist – meist zu Fuß. Die Reisebücher *Viaje a la Alcárria* und *Judios moros y cristianos* geben einen dokumentarischen Eindruck von jenem Universum, das vor allem in den zahllosen Kurzgeschichten, die seit den fünfziger Jahren entstanden, zum Protagonisten wird: Das spanische Dorf, seine Armut, seine Traditionsbessenheit, sein Witz, seine Grausamkeit, Merkmale, die auch in den hier gesammelten Zyklen, aus den *Historias de España* zu finden sind. Es gibt sicher kaum einen spanischen Autor, der jenem gerade in der spanischen Provinz beheimateten unübersetzbaren spanischen Phänomen, genannt *esperpento*, ein so eindrucksvolles literarisches Denkmal gesetzt hat. Dahinter verbergen sich Sprachwitz, Lautmalerei, spontane Wortschöpfungen, Regionalismen und ein Reichtum an Idiomen, für die im deutschen nur schwer Entsprechungen vorhanden sind – sicherlich einer der Gründe, warum bisher so wenig von Celas Werk übersetzt wurde.
Wie schon gesagt: Es ist bekannt (und gerügt worden), daß Cela mit neunzehn Jahren auf der falschen Seite in den Bürgerkrieg zog und daß er, wie schon vor ihm seine mitteleuropäischen Kollegen Franz Werfel und Hugo von Hofmannsthal, erfolglos als Zensor tätig wurde – es ist nicht bekannt, daß dadurch ein einziges Werk der modernen spanischen Literatur nicht erscheinen konnte. Was deutschen Lesern hingegen kaum bekannt sein dürfte, ist die Tatsache, daß Cela mit der 1959 in Mallorca gegründeten Zeitschrift *Papeles de Son Armadans* ein Medium gründete, in dem fast alle nen-

nenswerten und oppositionellen spanischen Autoren erstmals relativ unbehelligt veröffentlichen konnten, nicht zu vergessen zahlreiche Exilschriftsteller. Es genügen Namen wie Luis Cérnuda, Max Aub, Gerardo Diego, Vicente Aleixandre, Julio Caro Baroja, Pio Baroja, Americo Castro; von den jüngeren: die Gebrüder Goytisolo, Jaime Gil der Biedma, Carlos Barral, Joan Perucho J. M. Castellet. Auch die vom Regime verfolgte katalanische Literatur fand hier ein Asyl, wo unter anderem die Gedichte von J. V. Foix und Salvador Espriu erscheinen konnten.
Schon die bei *Pascual Duarte* beklemmende Atmosphäre zwischen Armut, Naivität und Gewalttätigkeit in ihrer denkbar extremsten Form deutete an, daß Celas Weg als Romancier alle realistischen Begrenzungen rasch überschreiten würde. Mit seinen Romanen *La catira* (1955), vor allem aber mit seinen Büchern *Tobogán de hambrientos* (1962), *San Camilo, 1936* (1969) und *Oficio de tinieblas, 5* (1973) beschritt er bereits vor dem Ende des Franco-Regimes experimentelle Wege, die eine Entsprechung zu ihrer Zeit am ehesten noch in den Romanen zweier erheblich jüngerer Schriftsteller finden: Luis Martin Santos und Juan Benet. Nicht genug damit, hat Cela noch in den achtziger Jahren zwei Romane veröffentlicht – *Mazurca para dos muertos* (1983) und *Cristo versus Arizona* (1988) –, die ohne Zweifel unter die wenigen innovativen Werke zu rechnen sind, die die spanische Literatur nach 1975 zu bieten hat.
Ein charakteristischer Zug im Werk wie auch in der Person des Literaturnobelpreisträgers ist die ungehemmt maskuline Sinnlichkeit, die ihn zugleich zu einem Chronisten wie spöttischen Kritiker des spanischen *machismo* hat werden lassen. Da Cela nie ein Blatt vor den Mund genommen hat, wenn er über dieses Thema mit Gusto spricht, vielmehr im Gegenteil die Skandale, die

sich daraus immer wieder ergeben, in vollen Zügen genießt, hat man ihn selbst als eindimensionalen Macho abzustempeln versucht. Ein seltsames Mißverständnis: Es genügt die Lektüre der Karikatur des spanischen Mannes in dem hier veröffentlichten Zyklus *Die Familie des Helden*, um diesen Verdacht zu zerstreuen. Und man lese die ironisch verschraubte Chronik über die *Heldentat der Rute von Archidona*, wo im schönsten signorilen Idiom das beste Teil des spanischen Mannes einer ehrfurchtsvollen Lächerlichkeit preisgegeben wird.

Vieles, was Camilo José Cela geschrieben hat, wird unübersetzbar bleiben (für ein dreibändiges *Wörterbuch der Erotik* z. B. fehlen der deutschen Sprache buchstäblich die Worte), aber ein bißchen mehr als die wenigen bis jetzt übersetzten Werke, ein bißchen mehr als die Vorurteile über diesen schwierigen Schriftsteller, sollte dem deutschen Leser zugänglich gemacht werden.

Heinrich v. Berenberg

Lesen Sie weiter:

MAX AUB / LUIS BUÑUEL *Die Erotik und andere Gespenster*
Nicht abreißende Gespräche
»Ein kurzweilig-kurioses, ein gescheit-informatives Buch.«
Süddeutsche Zeitung
Aus dem Spanischen von Barbara Böhme
Wagenbachs Taschenbücherei 132. 208 Seiten

Spanische Reise
Herausgegeben von I. Echeverria, C. L. de Lamadrid
und H. v. Berenberg
»Ein gelungener Reiseführer, unentbehrlicher als der
Baedeker.« Göttinger Woche
Quartheft 155. 192 Seiten

FERNANDO PESSOA *Ein anarchistischer Bankier*
Ein ganz ausgefallenes Abendessen
»Wo Kafka ein Hintertürchen offen gelassen hat, da steht
Pessoa, um es zuzuhalten.« Frankfurter Rundschau
Aus dem Spanischen von Reinold Werner
SALTO. Rotes Leinen. 96 Seiten

RAMÓN GOMEZ DE LA SERNA
Die Wahrheit über Picasso und den Kubismus
»Picasso kann sich so lange halten, weil er der Jahrmarkt
seiner selbst und die wichtigste und vielgestaltigste
Briefmarkensammlung ist, die es in der Kunstgeschichte je
gegeben hat.« Ramón über Picasso
SALTO. Rotes Leinen. 96 Seiten

JAVIER TOMEO *Der Mensch von innen und andere Katastrophen*
In vier Abteilungen
»Tomeo ist ein würdiger Erbe des Don Quichote und seines
Autoren Cervantes.« Mannheimer Morgen
Aus dem Spanischen von Elke Wehr
Quartheft 167. 96 Seiten

NEUNTER UND LETZTER WERMUT
erschien als siebzehnter *SALTO* im April 1990

Ausstattung Rainer Groothuis
Einbandfoto und Fontispiz von José Ortiz-Echagüe
Gesetzt aus der Korpus Goudy von Mega-Satz-Service, Berlin
Gedruckt und gebunden durch Clausen & Bosse, Leck
Leinen von Hubert Herzog, Dornstadt

ISBN 3 8031 1117 X